GLAC edições

ex/orbitâncias
OS CAMINHOS DA DESERÇÃO DE GÊNERO

abigail Campos Leal

a GLAC edições compreende que alguns dos textos-livros publicados por ela devem servir ao uso livre. portanto, que se reproduza e copie este com ou sem autorização, apenas citando a fonte e sem fins comerciais.

ex/orbitâncias
os caminhos da deserção de gênero
abigail Campos Leal

ISBN . Iª EDIÇÃO
978-65-86598-09-4

AUTORA abigail Campos Leal
EDIÇÃO E PROJETO GRÁFICO Leonardo Araujo Beserra
COEDIÇÃO E PREPARAÇÃO Gustavo Motta
ILUSTRAÇÃO Jaime Lauriano
REVISÃO Lia Urbini

© GLAC edições, julho de 2021
rua conselheiro ramalho, 945, 1° andar, sala 4, 01325-001,
bela vista, são paulo - sp. glacedicoes@gmail.com

* a ilustração de capa deste livro foi realizada especialmente pelo artista Jaime Lauriano a convite da autora e desta edição. um desenho feito a mão com grafite em papel branco, que, por meio da remissão de símbolos e de signos que circunscrevem o universo de luta transgênero e negro, reinventa os ataques externos que as populações ancestrais, e mesmo as contemporâneas, da América Latina sofreram ao longo da história

agradecimentos	**10**
prefácio	**14**

PARTE I
deixando a teoria queer para trás

tragicus trópicus: contribuições para uma arte cuir sudaka	**26**
a virada cuir: (à) margem da margem	**26**
a força da criação: monstruosidade, tragaydia y fracasso na arte *cuir* sudaka	**28**
a escrita preta de tatiana nascimento	**33**
diferença de s/i y afirmação monstra: Claudia Rodríguez y Susy Shock	**36**
lesviadagem e experimentação: (h)errâncias sexuais no esgoto sudaka	**40**
realidade, delírio e ficção no tropinikaos	**40**
atravessando Lee Edelman: pulsão de morte é meu cu	**41**
bestialidades desertoras: ex/orbitâncias da lesviadagem sudaka	**47**
no olho do cu(ir) – queer: centro e margens de uma palavra desgastada	**53**
desvios de origem: genealogia "queer" perdida	**53**
maquinismo e experimentação *desde aká:* Constanzx Castillo y Hija de Perra	**57**
a *virada monstra, desde aká:* Quimer(d)a y Susy Shock	**61**

PARTE II
guerrilha ontográfica

desfeituras: uma certa construção	
das transfeminilidades	**66**
gênero: disseminações infinitas	**66**
a representatividade não me representa	**68**
monstransidades	**71**
trans/bordando: transgeneridades	
atravessadas pela gordura	**75**
nas trilhas da otobiografia	**75**
"ideologia de gênero" ou terrorismo cis-hétero?	**79**
do gordinho viado à travesti gorda: como a raça y	
a gordura (des)fazem o gênero	**81**
o paradoxo do corpo trans e a travesti gorda	**87**
obelezas trans: Miro Spinelli e Jota Mombaça	**92**
"...surgindo no submundo... surgindo na boca do lixo...	
pra se defender": lbtqia's refundando parentescos	**102**
fraturando a linguagem do corpo:	
gênero, colonialidade e ferida linguística	**105**
"como um tapa na cara": a dimensão somática	
da ferida linguística	**105**
um trauma chamado mundo: colonialidade,	
gênero e ferida linguística	**109**
escuiresendo: esfacelamentos racistas nas	
encuirz/ilhadas entre raça y gênero	**114**
intro-duzindo, através/ssando	**114**
morte branca: lembrando do m/eu embranqueser	**115**
genealogias perdidas, filiação diaspórica:	
entre dissimulações e silêncios	**121**
escuirsendo nas encuirz/ilhadas trans-pretas	**126**

PARTE III
atravessando o neocolonialismo e a "nova" guerra social

de volta à colonia: as novas configurações da guerra social no Brasil contemporâneo   **136**
- advertência   **136**
- ressacas de junho: perseguição e recuo   **137**
- o fim da dissimulação democrática   **140**
- as novas políticas do armamento   **144**
- fascista é mato! a colonização continua por outros nomes   **146**
- esgotamentos: niilismo à brasileira   **149**
- radicalizando a ofensiva anticolonial – algumas intuições   **150**

reescrevendo as políticas da escuta: colonialismo y reparação nos meios insurrecionários   **153**
- advertência   **153**
- políticas da escuta: oi, alô?   **153**
- a catástrofe: péra, mas de qual catástrofe vocês tão falando?   **156**
- reparações   **158**
- conter, contex-tualizar as estratégias   **160**

aqueerlombamentos: deserção y c omunitarismo preto y gênero dissidente   **162**
- queerências espectrais   **162**
- quilombismo: Beatriz Nascimento y Abdias Nascimento   **165**
- queerlombismo/cuirlombismo: tatiana nascimento   **171**
- aqueerlombamentos   **174**

as flechas que cortam o t/e/m/p/o colonial: impressões sobre "A gente combinamos de não morrer", de Jota Mombaça   **182**
- advertevivências   **182**
- o combinado: ajuntamentos revoltosos y cumplicidades outras   **183**
- as diferenças que se articulam misteriosamente   **188**
- desfazendo a linha do Tempo   **191**
- pós-escrito: os contratempos do combinado   **194**

elapsas   **198**

bibliografia   **204**

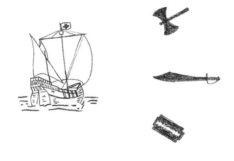

agradecimentos

agradeço a Maria Ignez Carneiro Campos, minha mãe. Te devo tudo! Gratidão infinita!

agradeço a tatiana nascimento por tudo aquilo que não sei nem nomear mas passa pelo seu palavrar, mágico. agradeço também por part/ilhar contigo uma amizade tão quirida!

agradeço a Leonardo Araújo Beserra pelas inúmeras parcerias y pelo companheirismo mais que intelectual.

agradeço a Carú de Paula Seabra, parceiro de vida y de teto; feliz em ser uma poeta desvairada ao seu lado. A Pretinho Téo, amigo-irmão; aprendo muito com a sua arte y com sua sensibilidade espiritual. A todas as fudidas que, junto da organização, fizeram ou fazem parte do *Slam Marginália*: Laian de Retetê, Bibi de Bibi, Claudia, Gabs, Djoasis, Mamba Negra, Drê Calderón, Roberto Inácio, Warley Noa, Marcela Trava, Júlia Bueno, Monna Brutal, Allice, Ariex, Cintia Floo, Ema, Paulínio Floki, Cunany, Preto Sebá.

a Gabi, Jade Quebra y Ingrid Martins, pela amizade y pela parceria que criamos entre brisas y risadas y a todes que circulam pela Batalha Dominação. a Eric Oliveira y todas as fudidas que frequentam a mais bela y forte festa de São Paulo, *Ch3rnob1l*. a Casa de Candaces, Black Velvet, House of Zion y a todas as pessoas, especialmente bichas e trans pretes, que constroem a comunidade House/Ballroom no mundo.

a Pêdra Costa pelos aprendizados safados y alegres, que carrego comigo até hoje. a Jota Mombaça, amiga querida, por tudo que seus estudos y sua arte y sua vida possibilitam. a Musa Michelle Mattiuzzi, mozão, pela força y beleza da sua arte, da sua vida.

a todas as minhas amigues e ex-amigues de luta: PdS, Crimes pela Juventude, Espaço CASA, Hurrah, Ocupação Flor do Asfalto, Translesbichas, Anarcofunk, Casa 24, Ocupação Quilombo das Guerreiras, Espaço Impróprio, Carnaval Revolução, Germinal, Rango Vegan, Coletivo Bonnot y Lifelifters.

a Fernanda, pelas trocas desse amor leve. a Armrore Gabriel por me ensinar outras formas de amar y de demonstrar afetos sem medo.

a Terra ainda há de tornar-se novamente um lugar de cura. mas para isso, antes, ela precisa arder.

dedicado à memória y vida de Matheusa Passarelli y Demétrio Campos.

Queríamos atingir o ponto de uma certa exterioridade em relação à totalidade da época logocêntrica. A partir deste ponto de exterioridade, poderia ser encetada uma certa desconstrução desta totalidade, que é também um caminho trilhado, deste orbe (*orbis*) que é também orbitário (*orbita*). [...] Exceder o orbe metafísico é uma tentativa de sair do sulco (*orbita*).
– Jacques Derrida (1967, p. 231-2)

devaneigros. somos o big bang recriacionista. fazemos rotas de fuga com trocas de afago [...] pois cuirlombismo literário é essa distração, uma deriva profunda y leve, desorbital y propositada.
– tatiana nascimento (2019B, p. 31-2)

prefácio

fora de mim, fora do livro

isto jamais poderia ser um livro. Isto não passa, para bem ou para o mal, de um certo ajuntamento de doze textos, cujo processo não poderia se dar a não ser pela força violenta y estranha de uma costura monstruosa. O movimento dessa *costura*, seus itinerários, as leis da sua composição, apesar de deixarem-se ver, não podem ser demonstradas. Permanecem estranhas, num certo sentido, inclusive para m/im mesma. Assim, não é nem de meu interesse y nem é possível apresentar esses textos y o estranho processo da sua costura. Sua leitura, portanto, como qualquer outra, *entrega-se a si mesma*. Ela se dá à experiência da outridade.

Escritos num período de tempo cuja precisão me escapa, mas que poderia, não sem violência, ser mais ou menos delimitado entre 2016-2019, os textos mantêm entre si ralações de aproximações y distanciamentos. Marcam, antes de tudo, as transformações que se inscrevem em *m/im*, sendo, portanto, um pedaço que arquiva minhas transformações onto-epistêmicas. É, deste modo, um registro não do que **Eu Sou**, mas daquilo que *e/u não sou mais*. Registro precário da captura de um movimento e, portanto, necessariamente tremido, embaçado, desfocado, impreciso.

A primeira parte, **deixando a teoria queer para trás**, reúne três textos que trilham caminhos diferentes mas que convergem numa mesma trilha: atravessar a *teoria queer*, isto é, entrar na sua órbita, levá-la até o seu fim para, finalmente, deixá-la para trás. Entendo também que essa travessia não se dá sem

contaminações. Essa travessia possui uma dimensão negativa, que consiste em recusar, negar, afastar – mas, mais do que isso, consiste em *problematizar* – certos postulados da *teoria queer*, sobretudo no contexto da ~~América Latina~~ y na forma como essa teoria vem sendo aplicada aqui. Mas a sua dimensão mais significativa, sobretudo aqui, é a tarefa afirmativa. Assim, atravessar a *teoria queer* não é somente mostrar a insuficiência (que vem mais da *teoria* do que de *queer*) de seus postulados a partir de uma lógica que permanece interna a seu texto, mas afirmar outras forças, a partir de uma certa exterioridade em relação a ele. É por isso que, mais ou menos por toda essa primeira parte, se afirmou a força de pensamento de travestis, de sapatonas y bichas pretas y boystrans de distintos lugares da chamada América Latina. Entretanto, relendo esses textos, hoje, anos depois da sua escrita, percebo o quanto essa fuga da teoria *queer* (y de outras matrizes de pensamento eurocêntricas, ainda que pretensamente dissidentes, como o chamado pós-estruturalismo), aqui ensaiada, foi precária y limitada. Apesar de todos os avanços que a teoria *queer* y o pós-estruturalismo possibilitam, diante da complexidade colonial "latino-americana" (raça, classe, gênero, sexualidade, geopolítica etc.), essas investidas naufragam, por vezes, nos levando junto. Esses naufrágios, arquivados nesses textos, deixam entrever não só a necessidade de se afastar desses intrumentais eurocêntricos, mas, mais profundamente, de se recuperar, rememorar, criar y inventar ferramentas onto-
-epistêmicas que sejam mais próximas do contexto *sudaka*, y, portanto, mais eficazes na luta anticolonial que, agora mais do que nunca, se anuncia como uma necessidade vital, *desde aká.*

A segunda parte, ***guerrilha ontográfica***, é mais afirmativa. Talvez ela seja a verificação de ~~teses~~ y ~~hipóteses~~ que a primeira parte somente anuncia ou promete, ainda que esses textos não tenham sido concebidos e executados com essa finalidade, y que nada disso seja anunciado em lugar nenhum. Mesmo tendo caminhos distintos, todos esses textos tocam, com intensidades y métodos diferentes, um mesmo ponto: eles buscam se aprofundar nas maneiras por meio das quais corpos que desertam das lógicas binárias de gênero y da heterossexualidade compulsória (no contexto da ~~América Latina~~ e, sobretudo, no contexto brasileiro) rearticulam as modulações do seu ser y transformam suas atmosferas existenciais em paisagens habitáveis, ainda que precárias. Aí também se dá uma tentativa de experimentar como as opressões de gênero e sexuais se articulam com outras violências coloniais – sobretudo as geopolíticas, raciais, de classe e de corpo. Essa parte experimenta com mais intensidade também uma imersão *otobiográfica* e, assim, ao colocar transformação do m/eu corpo e da m/inha vida em jogo, fazendo deles um arquivo onto-epistemo~~lógico~~ possível, tento caminhar na direção de problematizar de forma mais ampla y profunda a metafísica euro-branca que subordina e es*face*la o *bio*-gráfico (vida) em detrimento do epistemo-*lógico* (saber). Aí também tento não refundar um Eu, mas deixar o e/u ser atravessado pelos seus processos de transformação.

A última parte, **atravessando o neocolonialismo e a "nova" guerra social**, seria, se e/u não desconfiasse tanto do conceito de matéria y da metodo-logia materialista, o estrato mais materialista desses textos. Aqui, a ralação entre vida y pensamento é tão intensa quanto dissimulada. Essas escritas, por mais que voem longe y alto (em brisas y viagens delirantes, não nego), estão aterradas em experiências y experimentos. Na forma das suas linhas e no odor das suas palavras, observamos y farejamos, entre estrondos y gemidos, entre barricadas em chamas y crises de choros, em meio a orgias y ações clandestinas, entre vidros estilhaçando y conversas brisadas, entre xingamentos racistas y experiências de espiritualidade ancestral, os novos caminhos que corpos desertores de gênero y sexualidade, sobretudo racializados, têm construído para habitar as novas configurações do colonialismo y da guerra social contemporâneos.

Essas três partes não apenas se completam, se complementam, mas também se chocam y se confrontam, por vezes se contradizem. As front/eiras entre elas são porosas, fraturadas, fissuradas, de modo que seus signos y suas forças se comunicam, se *con*fundem. Nesse sentido, a divisão violenta desses textos em três partem não indica nem um fechamento temático y nem um caminho cronológico da leitura (nem em relação a suas três partes y nem em relação a seus textos internos). Tampouco indicariam uma evolução. Não há protocolo de leitura aqui. Quem lê sempre inscreve seu método de leitura, porque ler também é escrever.

teoria millennial

esses textos, ao marcarem a transformação do meu pensamento, a minha transformação, marcam também a transformação de uma época. Esses *tex/tos*, em seu estilo y em sua função histórica, se bifurcam, funcionando ora como uma espécie de diário, ora como um documento histórico, por vezes cruzando-se num trançado estranho. As marcas que esses textos arquivam, suas forças y afetos, seus saberes y acontecimentos, suas geografias y histórias, são tanto mais dissimuladas quanto evidentes; elas abrem uma fresta no tecido da Hist/ória y na concepção euro-branca do Tem/po, deixando ver, de uma forma ainda precária, *transformações epocais* do *"agora"*, que por todos os lados nos excedem.

Em 2016, passei no Doutorado em Filosofia na UFRJ, mas fui obrigada a largar em seguida, pois não havia bolsas y nem perspectivas de chegarem mais bolsas num futuro próximo. Para me sustentar, passei a dar aulas num projeto de educação ambiental em escolas da rede pública de São Paulo e de

São Bernardo do Campo. Numa dessas aulas no meu último ano de trabalho (2018), em uma escola da periferia de São Bernardo, uma aluna preta de uma turma do quarto ano do fundamental, com aproximadamente 10 anos, me interpela: "*Tia, você é não-binária?*". e/u fiquei *passada*! Não só com o repertório sexo-linguístico da garotinha, mas com a naturalidade e destreza com que ela o manuseava. Esse momento m/e abriu para um processo de meditação epocal y, mais do que isso, me alertou para a necessidade de exercitarmos uma sensibilidade, um *faro* histórico. Que época é essa, então, que uma desertora da cisgeneridade y heterossexualidade colonial, por vezes reconhecida y autoidentificada como travesti, cursa doutorado em Filosofia – sem bolsa –, que precisa fazer bicos para se doutorar y que larga o doutorado por não ter nem bicos, uma época em que essa existência maldita atua como educadora terceirizada na rede pública de ensino; uma época em que uma criança preta y pobre de menos de 10 anos sabe identificar performatividades de gênero desertoras? Mesmo com o risco de soar arrogante, penso que esse meu "acidente" biográfico dizia mais sobre a nossa época do que muitas análises historiográficas recentes: precarização das relações de trabalho, desmonte do ensino público, desdobramentos contraditórios dos programas sociais dos governos do Partido dos Trabalhadores (PT), reverberações das conquistas políticas parciais das lutas trans y do movimento preto em âmbito nacional, avanço do colonialismo sob as formas do neoliberalismo y do neofascismo. Pensar no que a interpelação daquela criança *a*significava em termos históricos me fez recuar ainda mais.

o **trabalho** das *gerações mortas* ainda pesa no "presente", suspendendo-o. Entretanto, caótica y contraditoriamente, essa balança vem sendo constantemente reconfigurada. Estamos falando de crianças, algumas crianças, que cresceram assistindo *A Bela e a Fera, O Estranho Mundo de Jack, X-Men, TV*

Colosso, isto é, crianças cujo imag/inário e cujo incons/ciente foram afetados desde muito cedo pela animalidade, pela bestialidade, pelo não-humano y pela monstruosidade; de crianças designadas meninos no nascimento, mas que se identificavam com a Ariel ou Úrsula de *A Pequena Sereia*, ou que só jogavam videogames com personagens femininos (Chun-li de *Street Fighter*; Kitana de *Mortal Combat*; com a Blaze de *Streets of Rage*); estamos falando de crianças que cresceram sendo fascinadas por paisagens distópicas de filmes como *Mad Max*, *Blade Runner* y *O Exterminador do Futuro*; estamos falando de crianças que cresceram ouvindo no rádio de seus irmãos mais velhos o *Planet Hemp* cantando sobre legalização da maconha e guerra às drogas ou o *Racionais MC's* rimando sobre o genocídio do povo preto; estamos falando de crianças que viram os ídolos dos seus irmãos morrendo de suicídio/overdose (Kurt Cobain) ou pela AIDS (Cazuza); de crianças que descobriram o que era o AI-5, o Zapatismo, a Guerra Fria por meio de bandas *punks* brasileiras; estamos falando de crianças que cresceram ouvindo falar do Massacre do Carandiru y da Chacina da Candelária; de crianças que descobriram Foucault y o abolicionismo penal, Judith Butler y a *teoria queer*, y o Movimento dos Trabalhadores Sem Terra (MST) por meio de fanzines xerocados; estamos falando de crianças que viram a transfiguração da indústria musical, que viram a decomposição das grandes gravadoras y da MTV; de crianças que usaram os primeiros programas de compartilhamento de arquivos para baixar o *Manual do Guerrilheiro Urbano* de Carlos Marighella y o *Manifesto Unabomber*.

Muitas dessas crianças dos anos 1990 viraram meros trabalhadores, estudantes y universitários precarizados; algumas estão presas, outras foram assassinadas, algumas delas se mataram ou morreram de overdose, ou de decorrências da depressão. Em muitos sentidos, muitas delas *se foram*.

Mas algumas dessas crianças, *crianças perdidas*, estão chegando ou passando dos seus 30 anos. Elas agora estão dando aulas em escolas da rede pública ou em universidades, estão atuando em sindicatos, estão organizando manifestações contra o aumento das tarifas, estão montando programas de rádio livre; elas já organizaram oficinas de autodefesa y já distribuíram *sprays* de pimenta y canivetes para desertoras de gênero y sexualidade; elas já organizaram oficinas de desprogramação de gênero y orgias; elas fazem parte de casas da cultura *house/ballrooom*, organizam *Slams*; elas estão em contato com o Exército Zapatista de Libertação Nacional, já atiraram coquetéis molotovs y morteiros na Tropa de Choque da PM, algumas delas já fizeram o Caveirão recuar na base da pedrada; elas já esfaquearam transfóbicos y fizeram escrachos públicos contra estupradores; elas já ocuparam casas; essas crianças estão recebendo em Euro por suas performances artísticas na Europa; já estão publicando seus livros, estão sendo citadas em canções y em outros livros; seus textos estão sendo ensinados em universidades públicas.

essas crianças são só o começo y o começo é sempre uma repetição, um retorno. *O que está vindo*, de novo, para bem y para mal, *é muito pior!*

a crise do "presente" global y reviravolta descolonial do niilismo

a crise é, sempre, o problema que surge quando o novo ou a diferença irrompe. A crise da nossa época, por conseguinte, é a reação de forças conservadoras frente ao movimento disruptivo de forças diferenciais. A crise é a rearticulação e a tensão de um *jogo caótico de forças*.

Mais de dois mil anos de saques, pilhagens, espólios de guerra, de roubos y escravidão, de dívidas y trapaças, mais de dois mil anos de envenenamentos y assassinatos, de proletarização y miséria, de exclusão y encarceramentos, de ecocídios e desastres ambientais, de genocídios e extermínios, mais de dois mil anos de fundamentalismo cristão, de epistemicídio y genocídio, de ódio y medo das diferenças (raciais, culturais, de gênero y sexualidade, de espécie...), mais de dois mil anos de colonialismo y supremacismo branco. Mais de dois mil anos de resistência! Mais de quinhentos anos de *resistência ferrenha*. y de inúmeras formas, *a resistência virou ataque* – inclusive no plano ontossubjetivo! Para Frantz Fanon, a descolonização é um jogo de forças, uma tentativa violenta de desfazer a fila do mundo: "'Os últimos serão os primeiros'. A descolonização coloca essa frase em prática" (Fanon, 1968, p. 27 – tradução modificada). A irrupção telúrica de forças historicamente marginalizadas, sedentas por um *justiçamento* infinito y forças conservadoras que reagem frente à destruição de suas utopias totalitárias, eis um pequeno vislumbre da *crise epocal do pres/ente colonial*.

A agudização da conflitividade histórica dá o tom dessa época. Nos programas de televisão, nos anúncios oficiais do governo federal, nos grandes jornais, nos shows de *rock* ou nos bailes *funk*, nos cultos religiosos, nas poesias de rua, nos artigos científicos, na sessão de comentários dos grandes portais de notícias, nas repartições públicas, nos estádios de futebol, nas centrais de *telemarketing*, nos jantares em família, nos grupos de *whatsapp*, nas redes sociais virtuais, nos *memes*, nas praças y nas calçadas... por toda a parte fala-se a língua da conflitividade. A guerra já é o nosso idioma (mas também é um conjunto de trilhas gráficas esfaceladas que não são nem fonéticas e nem alfabéticas), mas nós a habitamos a partir de distintas posições. A posicionalidade geopolítica do pesadelo chamado Brasil nessa conflitividade colonial global é sintomática, porque o país com os piores índices de assassinatos de pessoas trans, pretas y indígenas, vem se tornando também o lugar onde essas mesmas forças têm se multiplicado ao infinito, reconfigurando essa própria cena de violência total em possibilidades de vida que desafiam y põem em cheque essa ordem! Mas não nos enganemos, *as coisas vão piorar muito*! Precisaremos ser *piores ainda*!

essa *escr/ita*, portanto, necessariamente performativa, marca em si mesma a conflitividade de uma época que *não pode* mais ser meramente descrita. essa escrita não se contenta em dar espaço para os afetos reativos que estão circulando aqui por todos os lados (raiva, ódio, vingança, ironia, sarcasmo, nojo, desprezo, tristeza, dor, luto etc.); antes, ela goza ao fazer a vida vingar (alegrias, sorrisos, gozos, transmutações artísticas da dor; destruição criadora, criação, criação, criação...). ela é violenta: risca ~~palavras~~ cadavéricas que não podem mais circular impunemente; es*face*la *conceitos* pálidos; torce a golpes gráficos e imagéticos a língua da colônia (o português), que é também a língua que ela, invariavelmente, herda. ela é também uma escrita ajuntada, *aqueerlombada*. Não se pensa só. Não se escreve só. e/u mesma já sou várias! me junto a muitas outras (em mim, inclusive) para pensar, escrever y criar. é preciso desertar o isolamento. e/u me junto às condenadas: as que se foram, as que ocupam a materialidade desse mundo outramente y as que seguem povoando o deserto da *presença* y do *presente*. muitas vozes falam através de m/im y muitas mãos assinam esses textos. **meu nome é quilombo, porque, mais uma vez, fugimos da aniquilação colonial.** e/u não estou sozinha y nós não vamos parar! vocês ainda não viram nada! *isso é só o começo do fim*!

10 de janeiro de 2020,

PARTE I

deixando a teoria queer para trás

tragicus trópicus: contribuições para uma arte cuir sudaka[1]

a virada cuir: (à) margem da margem

as reverberações e ressonâncias da chamada *teoria queer*[2] no Brasil são, apesar do quadro que constantemente se pinta, múltiplas, diferenciais e por vezes contraditórias. A *via acadêmica* seria um dos estratos dessas reverberações, certamente o mais re-conhecido formalmente. Trata-se de um conjunto de intelectuais das Ciências Humanas, em sua maioria cis, brancos y de classe média alta, de diversas disciplinas, que se debruçaram numa tentativa inicial de traduzir a palavra *"queer"* e explorar a *teoria da performatividade de gênero* de Judith Butler. Como Jota Mombassa

---

1 Texto inicialmente apresentado no *II Seminário do NUSEX* (PPGAS – UFRJ), na mesa "Arte, Performance e Micropolíticas", no dia 29/06/2017, ocorrido no Museu Nacional Rio de Janeiro (UFRJ). dedico esse texto à todes (sobretudo às pessoas racializadas y precarizadas) que trabalham incansavelmente, sobre cinzas y ruínas, para reavivar esse *lug/ar* que foi destruído pelo fogo.

2 Sobre a etimologia da palavra *queer* e sua torção linguística, que a tirou do campo da injúria, jogando-a num campo polissêmico, onde passou a significar também força y orgulho para desertores de gênero y sexualidade, indico a sessão *desvios de origem: genealogia "queer" perdida* do capítulo *no olho do cu(ir) – queer: centro e margens de uma palavra desgastada*, adiante neste volume (p. 55-65). *Teoria queer* é o nome que se deu ao conjunto de estudos acadêmicos que surgiu nos EUA em fins dos anos 1980, que partia das transformações políticas abertas pelo movimento feminista e pelo movimento lgbt, em sua tentativa de: 1- escapar das políticas assimilacionistas, 2- de dar aberturas às novas proliferações de performatividades e identidades de gênero, 3 - de racializar y localizar geopoliticamente as discussões e as políticas de gênero y sexualidade. Nomes como Teresa de Lauretis, Judith Butler, Eve Sedgwick, Lee Edelman, David Halperin, Jack Halberstam, mas também Glória Anzaldúa, Audre Lorde e Gayatri Spivak, mulheres racializadas cujos trabalhos pioneiros anteciparam y possibilitaram a *teoria queer*.

(2016) brilhantemente destaca, em contrapartida, essa via acadêmica passa por uma "reviravolta", um *pretenso* giro des-colonial. Essa via teria deixado a empreitada da tradução *"queer"* e do mergulho na performatividade de lado, para tentar compreender como se daria a *"queericidade"*, isto é, os desvios de gênero e sexualidade, nos contextos e a partir dos termos da nossa contemporaneidade latino--americana. Eles queriam – ainda querem, na verdade – achar ~~objetos~~ *queers* em *terras brasilis*.

Mas é a partir de outro estrato dessa reverberação *"queer"* que faço as coisas girarem. Por baixo, por fora ou pelas margens, uma série de escritos, experimentos, performances, um conjunto polifônico y dissonante de textualidades desertoras vem se amotinando, reconfigurando monstruosamente aquilo que já não se deixa nomear pelo que Pedro Paulo Gomes Pereira (2012) chama de *Queer nos trópicos*. Assim, o que esse ensaio se propõe a fazer, dentro de certos *limites* e com uma certa *cautela*, é oferecer algumas contribuições no sentido de aprofundar e visibilizar esse momento desviante e marginal, "al borde del borde" como diria Susy Shock (2013, p. 16), à margem da margem. Trata-se de uma rede ou de arquipélagos informais e opacos, que circulam em fanzines xerocados, livros sem ISBN, em encontros feministas autônomos, em oficinas e performances em espaços sociais autogeridos, criando um outro circuito, uma outra circulação, outros caminhos para a deserção sexual y de gênero. Mas, sobretudo, trata-se de um estrato marginal dessa margem, que faz a circulação dessa deserção por caminhos impuros, nas periferias da linguagem das Ciências Humanas, da linguagem política, ou mesmo da racionalidade, da razão e da lógica do *logos* euro-branco. É através da *poesia*, do lirismo desenfreado, da literatura, da ficção (científica ou política) que essa outra circulação *"cuir"* se faz. Se, segundo Jacques Derrida, "era normal que o arrombamento [da *episteme* ocidental] fosse mais seguro e mais penetrante do lado da literatura e da escrita poética" (2011, p. 116. Trad. modificada), *aká*, por essas órbitas, se passa algo semelhante.

Assim, para iniciar o jogo, mais do que interpretar, *experimento* a força de três acontecimentos dessa tal "arte *cuir* sudaka", sobretudo no campo da escrita poética: as poesias *lesbo*-afro-diaspóricas de tatiana nascimento, as poesias *trans*monstruosas de Susy Shock e as poesias *trava*precárias de Claudia Rodriguez. Não se trata de extrair uma verdade interpretativa desses textos, como se fosse possível, pura e simplesmente, essa operação, mas de compor um experimento onto-epistêmico y afetivo com esses textos. A partir daí, procuro não somente aprofundar os problemas que essas escritas poéticas abrem, internamente, como procuro também, transversalmente, travar uma discussão mais ampla sobre o que seria essa tal *"arte cuir"* no contexto *sudaka*.

a força da criação: monstruosidade, tragaydia y fracasso na arte cuir sudaka

para facilitar o andar do jogo, a sua dança, ainda que isso coloque uma série de problemas, parto de um ~~axioma~~, a saber, que aqui e ali, a torto e a direito, num circuito subterrâneo, quase telúrico, existe já em curso uma *arte cuir sudaka*. Certamente, essa axiomática só é possível se partirmos de uma concepção minimamente marginal do que vem a ser *"arte"*, *"cuir"* e *"sudaka"*. Pensar a arte, por exemplo, a partir de concepções centrais e hegemônicas pode obliterar tudo aquilo que não se enquadra dentro dos cânones consagrados, da cultura erudita, dos circuitos das grandes galerias ou museus, reduzindo toda uma força criadora ao estatuto subalterno da não-arte, semiarte ou subarte.

É Friedrich Nietzsche quem possibilita o m/eu *des-centramento* marginal da arte. Para ele, des-locando grande parte da tradição ocidental, a arte seria, antes de qualquer coisa, o desenvolvimento de uma "força criadora" (Nietzsche, 2009, p. 271). Arte é, simplesmente, *cria-ção*, isto é, concepção, gestação e parto de *forças criadoras*. "Alguém continuamente criador, uma pessoa-mãe, no sentido maior da palavra, alguém que sabe e quer saber apenas de gravidezes e dos partos do seu espírito" (Nietzsche, 2009, p. 271). Falando sobre uma de suas criações, de suas crias, *Gaya Ciência*, ele diz: "sou um elefante-fêmea" (Nietzsche, 2010A, p. 100), referindo-se aos longos 22 meses de gestação de uma elefanta. Trata-se de criar afetos, *pathos* ou signos, mas também, a partir daí, de talhá-los, formá-los num certo *estilo*. "Comunicar um estado, uma tensão interna, e inclusive o ritmo de tais sinais – eis o sentido de todo o estilo" (Nietzsche, 2010A, p. 64).

Assim, inicialmente, de forma ampla e vulgar, *arte cuir sudaka* se experimenta, aqui, enquanto uma certa *criação* e *estilização* de afetos e *pathos* da deserção sexual e de gênero no contexto da ~~América Latina~~ contemporânea. *isso se ar-risca.*

E aqui, nessas bordas, já cruzamos com Susy Shock, e toda a reverberação dessas discussões se fazem ecoar por aqui. Sua poesia é, antes, como podemos ver em *Reivindico meu direito de ser um monstro*, uma criação, *criação monstra*, sua cria, aliás, pois ela mesma escreve: "eu, primeiro filho de uma mãe que depois fui" (Shock, 2013, p. 12). A *monstruosidade* que Shock reivindica não tem os contornos delineados, antes, alude, vaga e sombriamente, ao estatuto da experimentação y da criação. O *gênero* em geral e, antes de mais nada, a *trav/estilidade*, especificamente no contexto da monstruosidade ~~latino-americana~~, *sudaka*, é atravessada pelo es*face*lamento, mas também pela *experimentação* e *criação*. "Eu, monstro de meu desejo, carne de cada uma das minhas pinceladas, pintora do meu andar" ou mesmo "Meu direito a explorar-me, a reinventar-me, fazer do meu mudar, meu nobre exercício. Veranear-me, outornar-me, invernar-me" (Shock, 2013, p. 12-4). Criação de criação, arte de arte. Shock aí, por meio da sua *escrita poética*, comunica um certo *pathos* monstruoso da *travestilidade sudaka*, fazendo circular signos e marcas que des-locam a linguagem sexual e epistemológica ocidental.

Num estrato especificamente afro-diaspórico, lésbico e ~~brasileiro~~ do contexto *sudaka*, é também de *criação* que se trata. A escrita poética de tatiana nascimento, no seu brilhante y reluzente *lundu*, especificamente no poema *beliz*, nos mostra isso. "já enfrentou muito golpe sim/y se corpo desse mar num carrega cicatriz/é que sua pele dágua se desfaz contra o toque/ de cada golpe/açoite chicote/eu me refiz/eu me refiz/eu me refiz" (nascimento, 2016, p. 22). Aí, quer seja num cenário mais ancestral, na paisagem da *plantação* colonial, ou na paisagem do neodesenvolvimentismo neocolonial, o *cor/po* que nascimento descreve é feito pelos açoites do chicote; desfeito, mas também, a partir dessa cena de inscrições violentas, é re-feito, re-feito, re-feito... herdar essas cicatrizes, às vezes invisíveis, seria, antes, desenvolver uma forma, um *estilo* de re-fazê-las, re-criá-las. Assim, a cena primária da inscrição corporal violenta não leva ao niilismo, mas ao desenvolvimento de uma *arte da refeitura ontográfica*. Aqui, essa *arte cuir sudaka*, por meio da escrita poética de nascimento, ainda que estranhamente, se aproxima da poética trágica, pelo menos em sua concepção nietzscheana. Num certo momento, lemos: "A tragédia está longe de provar algo sobre o pessimismo dos helenos [...] [A arte trágica é] O dizer Sim à vida, mesmo em seus problemas mais duros e estranhos; a vontade de vida" (Nietzsche, 2010B, p. 106). Para Nietzsche, a tragédia não comunica a dissolução ou o desmoronamento da vida, ao contrário, significa a *afirmação da vida*, mesmo em suas dimensões mais duras, que des-fazem e re-fazem a nossa experiência no mundo. Trata-se de coragem e força frente às adversidades. *"Que comunica de si o artista trágico?* Não mostra ele justamente o estado *sem* temor ante o que é temível e questionável?"* (Nietzsche, 2010B, p. 78). Em *beliz*, apesar das marcações violentas, é a *vi/da* que se re-afirma, mediante o eterno re-fazer afro-diaspórico. É uma *arte da vida preta*, como *afirmação da força de vida preta* que aí se inscreve, no meio e através dessas palavras torcidas.

Em outro contexto, é também uma arte "trágica" que se inscreve nas poesias de Shock (2013). A monstruosidade inscrita na performatividade *travesti sudaka* é a *afirmação monstra da vida*, mesmo em seus estratos mais sujos, imundos y violentos. Explorar-se, re-inventar-se (outornar-se, invernar-se) é uma forma de re-fazer essa des-feitura que é habitar um corpo *trav/esti* na América Lat(r)ina. A partir de nascimento (2016) e Shock (2013), então, podemos experimentar a *arte cuir sudaka* como um certo tipo de *"tragédia"*, uma *arte de afirmação da vida*, de criação no sentido onto-~~lógico~~ e artístico. tra*gay*dia, e/u diria, ainda que estranhamente. Bem entendido que *gay*, aí, marca apenas o lugar alegre de tudo aquilo que não se reduz à *cis*-heterossexualidade.

Além dessa dimensão "trágica", a *arte cuir sudaka* também se dá pelas bandas do *fracasso*. Para Jack Halberstam, em *A arte queer do fracasso* (Halberstam, 2011), a vida *que/er* é atravessada pelas lógicas desajeitadas do fracasso, e longe de marcar um lugar de imobilismo, esse fracasso possibilita a reinscrição de outros modos de fazer y criar. "A arte *queer* do fracasso volta-se para o impossível, o improvável e o insignificante. Ela perde calmamente, e ao perder imagina novos objetivos para a vida, para o amor, para a arte e para o ser" (Halberstam, 2011, p. 88). Essa arte *queer* do fracasso teria tanto uma dimensão onto-lógica quanto propriamente artística. Não por menos, umas das fontes desse *arquivo fracassado* de Halberstam são as fotografias de Brassai e Urbus, que retratam *"queers"* em situações aparentemente "normais", o que por si só já des-loca uma cena performativa do gênero e seus pressupostos *triunfalistas*. Esse *fracasso de gênero* formaria, estranhamente, um *estilo* e inscreve também uma *estética*. "Eu afirmo que uma forma de arte *queer* fez do fracasso um ponto central e elencou a *queericidade* enquanto uma paisagem sombria de confusão, solidão, alienação, impossibilidade e estranheza" (Halberstam, 2011, p. 97).

A *precariedade* na produção artística *sudaka*, aqui, especificamente, a *escrita poética*, deve ser vista também dentro dessa cena de ressignificação do fracasso que Halberstam abre. Em *"Enferma Del Alma"* de Claudia Rodriguez, onde deveria haver um *Editorial*, lemos: *"Doente da Alma* é uma produção precária, de autogestão, que desobedece as onipresentes indústrias culturais, produção que se pode chamar despectivamente como fanzine, uma produção do fracasso, sem editorial" (Rodriguez, SD, SL). Aqui também o fracasso e a precariedade, desprezados pela tradição cis-heterossexual ocidental, tornam-se marca estético-epistemológica, dando, já de cara, o tom da brincadeira. Essa precariedade certamente forma um estilo, uma estética. *estilo precário, estética precária*.

Num outro contexto, ainda em Rodriguez, lemos: "Existem tantas de nós espalhadas por Santiago, porém, só nos encontramos quando fazemos compras. Como as formigas, a necessidade de nos alimentar nos reúne. As direções de todas são distintas, levamos nossas avenidas espalhadas em agrupamentos sem frutas, sem sobremesa. Como seria Santiago sem nós? Certamente dirão de mim que eu não sei contar histórias. Às vezes acho que eu sou uma rua, tosca e sem saída" (Rodriguez, SD, SP). Aqui o fracasso dá o tom de uma *deriva ontogeográfica*, como (não)condição da existência travesti nas metrópoles *sudakas*, que, apesar de ser formiga, não pode saborear o luxo de frutas e sobremesas. O fato das travestis só se encontrarem no mercado, como formigas, seria um mero efeito de uma história mal contada, fracasso, por parte de Rodriguez, ou resultado das insidiosas lógicas de des-encontro do planejamento urbano cis-heterossexual?

Entretanto, se esse fracasso que compõe a *arte cuir sudaka* é uma estratégia vital afirmativa, que deve, *sim*, ser celebrada, devemos ter cuidado para não romantizarmos a violência y precariedade colonial que (des)estrutura a atmosfera da vida de corpos desertores de gênero y sexualidade, sobretudo racializados, nesse contexto.

a escrita preta de tatiana nascimento

aqui, reservo espaço para continuar a experimentação dessa tal *arte cuir sudaka*, especificamente, a partir (mas além) dos apontamentos brancos de Deleuze e Guattari acerca da *literatura menor*. Primeiramente, essa literatura menor esfacela o lugar próprio e o estatuto epistemo-lógico do autor, do escritor, des-locando sua lógica propriamente humana. "Um escritor não é um homem [...] deixa de ser homem para devir macaco, ou caleóptero, cão, rato, devir animal, devir inumano" (Deleuze e Guattari, 2003, p. 26). Na escrita poética de tatiana nascimento, através dessas experimentações, da *m/inha* experimentação, pode-se perceber a ressonância (ainda estranha y conflitante) desses temas menores por todos os lados, em ecos oceânicos. abro m/eu *devir cetáceo* a partir do baleísmo poético de nascimento. Tomemos, inicialmente, o poema *baleias*:

> prefiro:/escavação arqueológica/tipo organo-bótica/de futuro/prefiro ciborgue/ de pele diaspórica/ondalética pós-utópica/desaquendá no porto inseguro (são)/

ancestrais/tecnologias curativas/anciãs/
tecnologias orgasmativas/dazantiga/
tecnologia contraceptiva (famoso 'cola-
-velcro' é pura tecnologia dazamiga) [...]
'baleias comem micropartícula pra fazer
micropolítica' [...] eu sempre sonhei com
elas numa onda meio xamânica.../a casa
delas tem vista oceânica/diz que elas é
tudo monogâmica/que tem lembrança
elefântica [...] então eu,/avessa à venena
tóxica/eu, essa mamífera exótica eu/so-
brevivida às estatísticas necrófila/racista,
lesbofóbica/eu qui num vo rimá/memó-
ria y dor. (nascimento, 2016, p. 58-9)

Aqui, nessas derivas, nessa etologia que se con-funde com ética, a história da lésbica, ou melhor, da sapa preta y gorda, agencia devir com a história das baleias e, na grandeza dessas memórias, trans-bordantes, uma certa ancestralidade menor, trans-espécie, toma corpo. Aqui, a autobiografia da autora, a história do seu corpo, a escritora y poeta tatiana nascimento, é es*face*lada e re-inscrita numa nova cena bestial, onde a lésbica preta e gorda abre um devir-sapa, devir-baleia. Nessas poesias, a arte abre-se como um caminho de deserção, um plano fértil para experimentar a desterritorialização do Homem, em suas múltiplas significações.

Ao arriscar algumas definições específicas do que viria a ser uma literatura menor, Deleuze e Guattari escrevem: "Uma literatura menor não pertence a uma língua menor, mas, antes, a uma língua que uma minoria constrói numa língua maior. E a primeira característica é que a língua, de qualquer modo, é afetada por um forte coeficiente de desterritorialização" (Deleuze e Guattari, 2003, p. 38). Mais uma vez, em tatiana nascimento, esses temas ecoam ao infinito, meio *beat* meio *banzo*. Ela faz do *Português*, a língua euro-branca da colonização do

Brasil, por meio de criações monstras e deformações criativas, uma *língua menor*. Português menor, português entortado, torcido, assombrado, ensombriado, enegrecido, **pretificado**. guerrilha linguística que se apoia em estratégias delirantes. "*queerlombismo*" (nascimento, 2016, p. 7) *linguístico, palavra aqueerlombada*. O caminho da deserção linguística de nascimento é a *ex/orbitância* do português mediante a re-criação preta da palavra. Por meio de uma ***magia negra***, nascimento questiona, ao mesmo tempo, a laicidade e a cristandade inscrita no português. Em certa altura do poema *exhibit*, lemos: "que minha língua preta é mágica!/minha língua, preta, é mágica./naufraga a memória torta na calunga funda dessas/ lembragem, é tudo paragem.../quer me impedir de caminhar/ congela o frame na iaiá/eu nasci foi pra dançar, eu nasci pra voar" (nascimento, 2016, p. 68). E é através das palavras, em primeiro lugar, que nascimento dança y voa, faz dançar y voar. Sua ***escrita preta***, por meio de um uso empretecido y *aqueerlombado* do português, agencia magia – magia negra–, torce os significantes e a gramática da teologia branca. Ela exorciza um certo espectro, uma certa fantasmática pálida e abre as vias, a en/cruz/ilhada das marcas, trilhas esfaceladas da diáspora preta, des-fazendo em devaneios da palavra o pesadelo colonial-racial chamado Brasil. Nesse sentido, nessa deriva afro-diaspórica, a escrita poética de nascimento, como um tipo de literatura menor afro-diaspórica lésbica contemporânea, não enuncia uma individualização, apesar de partir de um corpo situado, mas abre as vias de um "agenciamento coletivo de enunciação" (Deleuze e Guattari, 2003, p. 41) ***preto***.

escrita menó. Aliás, no estilo mesmo, na forma do texto, nascimento inscreve uma linguagem menor, uma grandiosa *escritinha*. Seu texto, de cabo a rabo, da assinatura à ficha catalográfica, é *minúsculo*. Sua escrita menor abre uma *emaiusculação* generalizada, no sentido duplo que Derrida

(1991, p. 62) confere em *Margens da Filosofia*, isto é, retirar a masculinidade e a maiúscula (e também a patronímia, o próprio) de todas as palavras, que, por normas de uma língua maior, branca cis-hétero colonial, deveriam estar erguidas. Aí se cor/ta, de/cepa, de/capita, de uma só vez, a *cabeça* de uma *letra erguida* e de um *pau* (cis branco) *ereto*.

diferença de s/i y afirmação monstra: Claudia Rodríguez y Susy Shock

"Nós, travestis, nem sequer somos conscientes de nossa potência" (Rodríguez, SD, SP). Assim começa um dos primeiros poemas de *Dramas Pobres* de Claudia Rodríguez. A *travestilidade* aí parece se marcar, ao mesmo tempo, por um *im/passe onto-epistemológico* (*não saber* ou *não saber quem se é*) e por um *trans-bordamento político* (*a força* extrapola os limites cognitivos do saber e da percepção). Essa *escrita perdida, im-potente*, parece marcar a *deriva ontográfica* da própria *travestilidade sudaka*, que desconhece sua força. O próprio nome, a assinatura da travesti, é re-colocada numa cena múltipla, momentânea, permeada por marcações externas e erros. "Cada um dos nomes que momentaneamente levamos, nos estabelece como sujeitas com 'um verbo, um sujeito e um predicado'; hipóteses, ensaios e erros" (Rodríguez, SD, SP). Essa poesia in-consciente e multi-nomeada seria também uma arte *queer* do fracasso, especificamente porque se configura a partir daquilo que Halberstam (2011, p. 88) chama de uma "arte do destornar-se" (*unbecoming*). A travestilidade aí é a feitura que se des-faz para re-fazer-se. Abertura de uma diferença múltipla, antes, *diferença de s/i*. Ao contrário da cisgeneridade, que se pensa como autoevidente, que se pinta como natureza, que não questiona sua posicionalidade de gênero (quando você "descobriu" que era cis?), a poesia de Claudia Rodríguez nos mostra como a travestilidade é uma posicionalidade onto-~~lógica~~ instável, nômade, à deriva, que se faz *ser* no questionamento, na dúvida, na problematização.

Ainda aí, a *travestilidade* é diferença como *afirmação monstra*, construção de uma linha-de-fuga ontográfica, através da *criação*, da afirmação de uma cria. A poesia, a escrita poética para Rodríguez parece possibilitar outras órbitas, con/vertendo uma *economia afetiva da raiva trans* numa espécie de *arte travesti* da escrita, da palavra. "Tudo o que não posso gritar como o grito que o homem-elefante dá, eu o sublimo e escrevo ternamente..." (Rodríguez, SD, SP). A *ternura* dessa escrita poética travesti é a *afirmação* de um grito impossível, a re-inscrição de um grito mudo numa outra superfície textual. O grito de um *ser monstro* que tem sua humanidade arrancada por humanos. Esse grito não-humano é con*vertido* em *versos*.

É no corpo também que essa afirmação monstra se marca, como um tipo de suplementaridade que parece des-locar a economia da origem cis-hétero. "Como sempre a sombra... da Monroe... meu corpo subalterno... a cópia da cópia... poderia vir a ser outro corpo original" (Rodríguez, SD, SP). Sem negar o estatuto da cópia, isso é, afirmando-o, Rodríguez parece invocar uma cópia de cópia sem referente, sem origem, singularidade monstra, outro que não (se) volta ao mesmo... diferença infinita.

Já o *Poemário Transpirado* de Susy Shock é um mar de estradas, algumas solitárias, um arco-íris de espécies e taxonomias sexo-desviantes, uma *negação* cruel nas suaves marcas de uma *afirmação*. Retomo particularmente o poema *Reivindico meu direito a ser um monstro*.

> Eu, pobre mortal, equidistante de tudo, eu, RG: 20.598.061, eu, primeiro filho de uma mãe que depois fui, eu, velha aluna desta escola dos suplícios. Eu, reivindico meu direito a ser um monstro. Nem homem nem mulher. Eu, monstro de meu

> desejo, carne de cada uma das minhas
> pinceladas, tela branca do meu corpo,
> pintora do meu andar. Não quero mais
> títulos para carregar. Só meu direito vi-
> tal de ser um monstro... Meu direito a
> explorar-me, A reinventar-me. fazer do
> meu mudar, meu nobre exercício. Vera-
> near-me, outonar-me, invernar-me; os
> hormônios, as ideias, as curvas e toda a
> alma - amém. (Shock, 2013, p. 12-3-4)

A experiência da *travestilidade sudaka*, particularmente a de Shock, tem a ver com a possibilidade de *des-re-fazer* os caminhos em s/i, abrir novas estradas em s/i, construir outras vias, abrir sulcos em órbitas já traçadas, *ex/orbitar*. Seria também a possibilidade de, nessas novas andanças y errâncias em s/i, construir um outro e/u, deixar que novos seres possam sair através dos nossos antigos casulos. aí se abre, afirma, a *órbita experimental*. A estrada como experimentação do caminho, o corpo como experimentação da carne, o casulo como experimentação da espécie. A *monstruosidade* inscrita nas curvas da travesti portenha *seria* apenas o nome das singularidades que se marcam em cada experimentação de caminho, de corpo, de gêneros y prazeres, de gestos y afetos. Reivindicar o direito de ser um monstro seria reivindicar o direito à experimentação, que certamente não tem justificativa, não nos termos, nos signos e na lógica cis-hétero--eurocêntrica. "Eu, trans... pirada, molhada, nauseabunda, germe da aurora encantada, a que não pede mais permissão". Ela não pede permissão e não dá justificativas. A *afirmação monstra* enquanto experimentação infinita só se afirma – só se esforça em se afirmar – como uma pulsão sem sentido, teimosa e insistente. Logo, não se trata bem da reivindicação de um direito, mas da afirmação de uma *experimentação* intransigente, intempestiva. E aí, não há lugar para chegar. Na experimentação, na experimentação monstruosa de Susy Shock, *o caminho é tudo*. E o caminho, os caminhos são múltiplos e infinitos, assim como as singularidades.

Em todos esses contextos e pre-textos, aqui e ali, afirmou-se a experimentação de uma *arte cuir sudaka* que, entretanto, num certo sentido, *não existe*. Ela não se junta, não se sistematiza e nem se teoriza, a não ser des-locando os princípios da verdade do texto para as intuições da *experimentação textual*. Essa *a/r/t/e*, se existe, é fragmentária, temporária, esfacelada, **sombria**, fugaz, precária, insuficiente... ela se definiria, pelo menos nas vias experimentais que tentei fazer funcionar aqui, somente pelos termos estranhos da *criação* (afirmação de uma cria), da tra*gay*dia (afirmação da vida não-hétero, mesmo em seus aspectos mais duros), do *fracasso* (afirmação do erro) e da *monstruosidade* (afirmação da outridade) que permeia a *vida não-cis-hétero* y racializada no contexto geopolítico da América Lat(r)ina. Se *a teoria queer* "latino-americana", mesmo sob os holofotes de um pretenso giro des-colonial, já dá seus sinais de decadência, em contrapartida, essa *arte cuir sudaka*, ainda nas sombras, na penumbra, que circula *abaixo* e *à margem* dos circuitos da hegemonia "*queer*" latino-americana, que somente "agora" começa a engatinhar e balbuciar, *a b r e* outras vias de experimentação e re-criação da existência não-cis-hétero num contexto *sudaka*. Ela é a abertura desenfreada do tecido autobiográfico nas malhas da escrita, o borbulhar múltiplo e contraditório de *afetos* intensos, o es*face*lamento do Homem e do autor numa escrita que articula devires animais e experimentações bestiais. Essa experimentação, a *m/inha* experimentação, em última instância, é também uma forma de soprar outros ares, ares menores, nessa atmosfera saturada de **logos**, de mais-valia de códigos, de signos. Mais "*arte*", menos "teoria", caralha!

tragicus trópicus   **39**

lesviadagem e experimentação: (h)errâncias sexuais no esgoto sudaka[3]

realidade, delírio e ficção no tropinikaos

a proposta dessa mesa é que se discuta a respeito d´ "Queer pela prática no mundo". Entretanto, não farei isso. Aqui, nesses *meus* de(s)vaneios, não se fala/escreve nem sobre *"queer"*, nem sobre "práticas" e nem sobre "mundo". Aqui, de onde *isso* se escreve, essas noções não são muito úteis. Se nos detivéssemos no critério *maquínico* da coisa, diria que, *desde aká*, as coisas não funcionam bem assim. Falo em *de(s)vaneio*, porque certamente o que se delineia aqui tem ares delirantes de ficção, *ficção sexo-política*, talvez, mas que, estranhamente, não deixa aí mesmo de ser um *diagnóstico do presente*, ainda que *espectral*. diagnóstico e ficção. Nem *queer*, nem *prática* y nem *mundo*. É por aí que pretendo fazer funcionar essas coisas, e nessa ex/orbitância, prefiro fazê-las deslizarem para os lados da *lesviadagem*, da *experimentação* e do *esgoto sudaka*.

Proponho aqui, então, fazer uma certa leitura, que não deixa aí de ser uma escrita, de três textos monstruosos, cada um a sua maneira: trata-se do quadrinho *Quimer(d)a*:

---

3 Texto inicialmente apresentado na mesa "Queer pela prática no mundo", na 3ª Conferência Internacional da Ssex Bbox, 18.nov.2017, no Centro Cultural de São Paulo. Faço questão de deixar arquivado, aqui, o meu profundo descontentamento não só com a condução do debate pelo mediador dessa mesa (repleta de violências raciais, de classe y coloniais), mas também com a organização do evento como um todo, expressas principalmente na figura do autointitulado "profeta *queer*". Agradeço também aquelas que tomaram parte y interviram ativamente na confrontação dessa cena colonial violenta que mais uma vez, diante de nós, teimava em se reatualizar, ferindo não só a m/im, mas a todas as existências amaldiçoadas por esse mesmo regime colonial, que ali estavam ajuntadas!

quadrinhos dissidentes antiespecistas de 2016, o fanzine de poesia travesti de Claudia Rodriguez, *Enferma Del Alma*, sem data, y o livro de poesias de tatiana nascimento, *lundu*, também de 2016.

Apesar das exorbitâncias, entretanto, essa leitura se direciona: em cada texto, meu mergulho será guiado por um *faro*, que procura nessas escritas os *fedores* das *singularidades geopolíticas* que dão a sua tonalidade onto-epistemológica. Isto é, mais do que investigar "*queer* pela prática no mundo", *através* desses textos, pretendo delirar sobre a *geograficidade da lesviadagem lat(r)ina*, sobre o que significa habitar o *esgoto sudaka* não sendo uma pessoa cis-ht.

A crescente resistência e multiplicação infinita das políticas de autovisibilização por parte de maricas, sapas, bichas, travestis, trans, drags e etc. e, em contrapartida, ao mesmo tempo e nessa contramão, o avanço vertiginoso de um dissimulado e hiperbólico fascismo sexo-político, racial, colonial e de classe *desde aká*, deveriam atestar a urgência dessa problemática. Assim, esse experimento poderia contribuir na cartografia dessa situação, no diagnóstico desse problema do presente em sua especificidade lat(r)ina, ainda que seja, em alguma medida também, ficção e delírio. Se a realidade das margens sexuais é já um pesadelo distópico, é estratégico que, em alguma dimensão, a escrita política sexo-marginal se aproprie da narrativa, dos recursos, do instrumental e da maquinaria linguística da ficção.

Mas antes de mergulhar nesses textos monstruosos, preciso "acertar as contas" com uma certa *teoria queer*.

atravessando Lee Edelman: pulsão de morte é meu cu

sem pretensão, e também sem paciência, para entrar na problemática da *teoria queer* – ao mesmo tempo *subestimada* e *superestimada* – e da sua tradução cultural em solos lat(r)inos, pretendo apenas abrir um parênteses aí. Quero chamar a atenção para um livro especial, ainda silencioso e mudo, quase espectral.

Na chamada *teoria queer* de matriz estadunidense, arriscaria dizer que há muito tempo não se fareja uma contribuição tão significativa, repleta de frescor, inovação e radicalidade epistêmica, como o *No Future: Queer Theory and Death Drive* de Lee Edelman (2004). Seria preciso *atravessar Sem Futuro*, isto é, adentrar na sua órbita, tentar acompanhar o seu traçado, seguir as suas trilhas e os seus desvios e, por fim, deixá-lo para trás. Aqui, entretanto, esse *atravessamento* é impossível, ele somente se esboça. Esse esboço é ao mesmo tempo uma *conjuração* e um *exorcismo*, no sentido de que quero me apropriar da força espectral dos apontamentos de Edelman, assim como quero me afastar das suas *insuficiências* fantasmáticas, brancas, pálidas. É que *Sem Futuro* vem me assombrando. fantasmas de *Sem Futuro* me acompanham. Nessas leituras, que se seguem mais a frente, ainda que num silêncio espectral – e às vezes num vazio total –, esses fantasmas também me acompanharam.

Edelman começa o livro com o "caso Clinton", nos anos 1990. Após algumas polêmicas envolvendo a vida *(hétero)* sexual do então presidente, acusado de "adultério" e "sodomia", constitui-se uma espécie de contra-ataque midiático por parte da assessoria de Clinton. Uma série de propagandas presidenciais oficiais começa a ser bombardeada em todos os veículos de comunicação estadunidense. Nelas o presidente está sempre cercado pela sua família, sua esposa e seus filhos, veiculando-se aí a imagem duplicada de um pai dedicado e presente e de um profissional ativo e produtivo. Alguém que luta pelo futuro de suas crianças e das crianças de toda a nação. Resultado: a campanha foi um ~~sucesso~~. "Mas o que mais o ajudou nesses apelos públicos em nome das crianças americanas, foi o consenso social de que esse apelo é impossível de ser recusado. [...] 'nós estamos lutando do lado das crianças. De qual lado você está?'" (Edelman, 2004, p. 2).

"As crianças" ou "a criança" não é uma alegoria qualquer, mas a própria metaforicidade da *cis-heterossexualidade como regime sexo-político*, a identidade e o próprio *rosto* da sua política. Apesar de materialmente o presidente estar pondo em risco o Futuro da Criança (as "sua crianças", implicadas na desonra familiar do "adultério"; e o seu ex-futuro bebê extra-conjugal, impedido de vir ao mundo pelos "atos de sodomia"), sua imagem se salva porque ela estava sendo cercada discursivamente pelo rosto da Criança – quer sejam os seus filhos reais, ou os filhos dos cidadãos que o presidente protegeria. O presidente, enquanto um pai de família e enquanto um chefe de Estado, estava do lado da Criança e, portanto, posicionado no único lado possível na narrativa do futurismo heterossexual.[4]

> Na sua universalização coercitiva, contudo, a imagem da Criança, que não deve ser confundida com a experiência vivida de nenhuma criança histórica, serve para regular o discurso político – para prescrever o que *conta* como discurso político –, compelindo esse discurso a aderir à realidade do futuro coletivo, cujo estatuto figurativo nunca nos é permitido reconhecer ou localizar. [...] nós somos tão incapazes de conceber uma política sem a fantasia do futuro quanto somos incapazes de conceber um futuro sem a figura da Criança.
> – Edelman (2004, p. 11).

---

[4] Uma das insuficiências brancas de Edelman é a sua incapacidade de racializar A Criança como significado do regime cis-heterossexual e, ao furtar-se dessa tarefa, sua análise perde força, pois perde capacidade de explicar contextos não-brancos. A racialização d´A Criança nos permite perceber que A Criança **preta, indígena, mulçumana, imigrante** etc. não possui a mesma força apelativa y o poder de afetar e redefinir o imaginário do Futuro da cis-heterossexualidade que A Criança branca. A Criança racializada (o "pivete", o "menino de rua", por exemplo), aliás, não é a imagem do Futuro, mas a sua própria antítese. Que o arquivo da Criança utilizado por Edelman (um gay cis branco, estadunidense y professor universitário) nas suas análises sejam os filhos de Clinton ou as crianças do filme *Pássaros* (1963) de Alfred Hitchcock – todas brancas, estadunidenses e ricas – é absolutamente *sinthom*ático de uma branquitude que não racializa suas posições y suas reflexões.

lesviadagem e experimentação

A Criança como regulador do discurso político marca o que está dentro, mas também aquilo que está fora da sua discursividade. A imagem *fantasmática* da Criança (branca), a mesma que salvou a imagem do sodomita e adúltero Clinton, é a mesma mobilizada para exterminar e justificar o extermínio de pessoas *"queers"* **reais**. As pessoas *"queers"* seriam a *exterioridade* primeira dessa política-de-um-só-lado, porque se recusariam a *in-corporar* a dimensão sexual do mandato (heterossexual) da Criança, o sinistro e totalitário "crescei--vos e multiplicai-vos" bíblico. Ao se recusarem a usar suas sexualidades com fins de reprodução heterossexual, elas estariam ameaçando o Futuro da Criança, o Futuro da Vida, e em última instância, o próprio Futuro. "Então, qualquer pessoa que recuse esse mandato, segundo o qual nossas instituições políticas ordenam a reprodução coletiva da Criança, deve aparecer como uma *ameaça*, não somente a uma dada ordem social, mas também, e ainda mais sinistramente, à ordem social em si, na medida em que ameaça a lógica do futurismo" (Edelman, 2004, p. 2). Assim, as sexualidades não-heterorreprodutoras não são vistas como uma mera patologia investindo num corpo individual, mas como uma praga coletiva que põe em risco todo o corpo social, ameaçando a reprodução da Criança e, portanto, a própria reprodutibilidade do Futuro.

Assim, representadas na imagem da Criança, as sexualidades ocidentais – apesar de seus ares de libertação e pluralismo sexual – seriam ainda herdeiras de um arcaísmo bíblico imemorial, pois ainda atualmente reproduz-se, como na narrativa bíblica da destruição de Sodoma, uma associação fóbica entre sexualidades não-heterossexuais e a destruição do Futuro. Nessa narrativa, *"queer"* representa, portanto, a busca sem sentido por um prazer patológico, sem preocupação com a Criança, a Família e o Futuro – quer dizer, com a própria vida –, uma busca que, assim, deve ser vista como uma ameaça à própria ordem social. Nessa narrativa *cis-hetero*fantasmática, "*queer*" representa, portanto, *o mal*, na medida em que figuraria a dissolução da sociedade e a destruição do mundo. Mas aí, no meio dos fantasmas da narrativa heterossexual, Edelman faz uma pergunta espectral, que assombra muitas de nós que se encontram nas múltiplas posições à margem dessa cosmogonia heterossexual: "Sem parar de refutar as mentiras que permeiam essas diatribes direitistas tão familiares, nós temos também a coragem para reconhecer, ou mesmo aceitar as suas verdades correlativas? Nós estamos dispostas a sermos suficientemente opositivas à lógica estrutural da oposição, para aceitarmos que aquele fardo figurativo da queericidade, o fardo específico que a queericidade é fobicamente produzida para representar, vem da força que estraçalha a unidade Imaginária, a força que insiste no vazio (sempre, paradoxalmente, cheio de gozo) [...]?" (Edelman, 2004, p. 12). Ao contrário dos gays, lésbicas, trans e "queers" que refutam essa narrativa fantasmática, em nome de uma "queericidade" pura e boa, que não apresenta uma ameaça ao Futuro reprodutivo, Edelman sugere que, talvez, seja mais interessante em termos de uma *"política" oposicional queer* afirmar esse estatuto figurativo que as pessoas não-heterorreprodutoras são forçadas a assumir.

Se a heterossexualidade é o rosto gigante da Criança (branca) jogada no inconsciente perpétuo de todas nós, cis-héteros ou não, e se *queer* significa a ameaça ao futuro do Futuro, *que/er*, portanto, pode representar uma fissura espectral nessa narrativa, um desvio nessa lógica que pode tornar essa *atmosfera tóxica* um pouco mais respirável. Para Edelman, "*queer* figura a barreira a qualquer realização da futuricidade, a resistência, inerente ao social, à qualquer forma ou estrutura social" (Edelman, 2004, p. 4). Mas que força, segundo Edelman, faz as corporalidades *queers* moverem-se em direção a essa destruição e estraçalhamento das estruturas sociais? A *pulsão de morte*, em toda sua força disruptiva, sem forma e sem sentido. "A pulsão, mais especificamente a pulsão de morte, ocupa um lugar privilegiado nesse livro. [...] a pulsão de morte nomeia aquilo que a *queer*, no regime do social, é obrigada a figurar: a negatividade que se opõe a qualquer forma de viabilidade social" (Edelman, 2004, p. 9). A pulsão de morte, na sua insistência irresistível num gozo aqui-e-agora e sem sentido, seria aquela força que compele um sujeito de desejo qualquer a *ex/orbitar* o mandato social da reprodução do Futuro. "[...] a queericidade expõe as cores inevitavelmente pulsionais da sexualidade: sua insistência na repetição, sua negação teimosa da teleologia e, acima de tudo, sua rejeição à espiritualização por meio do casamento com o futurismo reprodutivo" (Edelman, 2004, p. 26). *Queers*, portanto, de acordo com Edelman, seriam aquelas que recusam o mandato da reprodução, feito em nome da Criança *branca* e do Futuro *branco*, e afirmam o gozo sem sentido e aqui-e-agora da pulsão de morte, feito em nome de... em nome de nada. Se o movimento desejante da pulsão de morte não tem sentido, a *queericidade*, como afirma Edelman, não pode ter uma justificativa, porque seu movimento não se reduz a uma lógica ou linguagem racional.

A *queericidade* não tem uma justificativa e nem se importa com uma justificativa. Sua forma verbal, se existisse, reagindo à violência originária do mandato, teria os contornos violentos de um *foda-se*, um foda-se para tudo que, chocando-se com o movimento da *pulsão de morte*, colocaria-se diante da realização do gozo sem-sentido. "*Queers* devem responder à força violenta dessas constantes provocações, não somente insistindo na nossa igualdade de direito às prerrogativas da ordem social, não somente admitindo nossa capacidade de promover a coerência e a integridade da ordem, mas dizendo explicitamente isso que a Lei e o Papa e o conjunto da ordem Simbólica – que eles defendem –, ouvem em todas e em cada expressão ou manifestação da sexualidade *queer*: foda-se a ordem social e a Criança, cujo nome é usado para nos aterrorizar coletivamente; foda-se Annie; foda-se o menino pobre de *Os Miseráveis*; foda-se a criança coitadinha e inocente da Internet; fodam-se as Leis, tanto as com L maiúsculo quanto as com minúsculo; foda-se toda a rede de relações Simbólicas e o futuro que lhe serve de suporte." (Edelman, 2004, p. 27). foda-se!

bestialidades desertoras: ex/orbitâncias da lesviadagem sudaka

se na tradição ocidental os "editoriais" sempre ocuparam um lugar subalterno e marginal, estética e epistemologicamente, aqui, no contexto dessa narrativa *lesviada sudaka*, ao contrário, eles seriam um índice importante e ocupariam um lugar estratégico.

O editorial do fanzine de quadrinhos *Quimer(d)a* dá marcha à toda uma maquinaria. "Mais tosco, mais precário e ainda mais anti-social, *Quimer(d)a* é o novo ex-sapattoons, e continua sendo um projeto colaborativo sudaca, autônomo e anti-copyright, feito por e para xs amigxs monstrxs dissidentes". A precariedade e a tosquera, elementos imanentes da vida não-cis-hétero *desde aká*, são aí re-afirmadas como *força político-epistemológica* e como **marca** *ético-estética*. Que esse zine seja todo xerocado e que seu conteúdo seja todo ácido, indigerível, deixa de ser injúria para tornar-se virtude. Giro *escato*-lógico no *esgoto sudaka*, invertendo a merda toda. "pedimos que difunda esse material dentro da sua comunidade, mas também que o proteja daquelxs que podem fazer usos indevidos dos saberes e piadas internas da nossa subcultura". E se o zine se inscreve dentro da perspectiva antissocial, ele mostra aí também a dimensão comunal dessa pulsão de corte, que parece criar laços no momento da fuga, onde a deserção y a fuga viram ponto de encontro.

Ainda em *Quimer(d)a*, leiamos agora o quadrinho "Um homem pra chamar de meu", que narra as desventuras no processo de transição de um homem trans. Aí marca-se a diferença nessa trajetória errante da transgeneridade, da masculinidade sapatônica à transmasculinidade. Antes, a sapa nem se lembrava que existiam sutiãs, agora não pode sair mais sem seu binder. O barbeador, que era obsoleto, agora tornou-se indispensável. Se antes o sabão de coco era o único cosmético, agora o arsenal (babosa, argila, máscara de combucha) só cresce. Todos esses apetrechos maquínicos entram na mala e o boytrans pega a estrada. "Eu tinha pressa de me mudar para bem longe de todo mundo". Entretanto, o sonho desertor da mudança não vai muito bem, em função de problemas de gênero na homossocialização masculina. É que o motorista do carreto, um homem cis-ht, confunde o transmasculino com um jovem garoto cis-ht. E nisso vai afogando o boy-trans numa avalanche de merda cis: "Gurizão, você vai curtir aqui! Muita festa da hora, muita gente bonita... Tá vendo aquele bar? É top! Só mina gata e breja barata".

Chegando em casa, o homem-trans começa a montar os seus móveis, dando um duro danado para ajeitar seu cafofinho. Mas a sua paz não chega nem em casa. O proprietário, que deve ter visto o nome de registro no contrato, passa a acreditar que o boy-trans é o namorado da "inquilina nova", e que estaria montando os móveis para ela. "E foi assim que eu aprendi uma grande lição de autonomia... O último passo do 'faça-você-mesmx'. Seja seu próprio namorado! E faça sua própria conchinha, sempre que possível".

Lições de deserção antissocial. 1 - *a fuga é sempre um momento de encontro*, nem que seja um encontro consigo mesma. desertar: ir pro deserto é povoar o deserto em nós mesmas, possibilitando encontros com outros corpos, e com outros corpos em nós. 2 - *a fuga não é um fora*, um lugar idealizado, marcado por uma exterioridade absoluta e pura frente às merdas das quais se foge. A fuga, nesse sentido, é impossível! Não há pra onde correr! Se o boy-trans procurava um lugar sem transfobia, já no carreto deve ter percebido que "aquele não era o lugar". 3 - *a deserção também é precária*, limitada, por isso mesmo, situacional, temporária, uma espécie de respiradouro.

Em *Enferma Del Alma* de Claudia Rodríguez, onde deveria ter um Editorial, lemos: "Doente da Alma é uma produção precária, de autogestão, que desobedece as onipresentes indústrias culturais, produção que se pode chamar despectivamente como fanzine, uma produção do fracasso, sem editorial". Aqui também o fracasso e a precariedade, desprezados pela tradição cis-heterossexual euro-branca, tornam-se marca estético-epistemológica, dando já de cara o tom da brincadeira. Num determinado momento, lemos: "Existem tantas de nós espalhadas por Santiago, porém, só nos encontramos quando fazemos compras. Como as formigas, a necessidade de nos alimentar nos reúne. As direções de todas são distintas, levamos nossas avenidas espalhadas em agrupamentos sem frutas, sem sobremesa. Como seria Santiago sem nós? Certamente dirão de mim que eu não sei contar histórias. Às vezes acho que eu sou uma rua, tosca e sem saída".

Os caminhos aqui são outros. O ritmo do passo, do pulso, é outro. A solidão aí, ainda que trans, travesti, não é a mesma, não é da cidade que se foge e nem a da casa nova que se chega, mas a da cidade que ainda se habita. Esse *"nós"* é espectral-comunal: junta as travestis ou o e/u trans consigo mesmo – aos seus reflexos e duplicações, ainda que só nos corredores fantasmáticos do supermercado e das relações sociais que ele inscreve. Rodríguez parece falar, mais do que da solidão trans, do isolamento trans na cidade, com a sua subsistência bestial, formiguista, destas criaturas, operárias do sexo/gênero, no alto da frieza cis-têmica andina. A desumanização de corpos trans abre uma zona bestial onde ela se toca com a animalidade das formigas, onde esse *formiguismo existencial* deixa antever a zona de sufocamento onto-~~lógico~~ em que se encontra a ~~existência~~ trans. Se as vias são feitas para o transporte e o encontro, porque ainda há solidão, ou apenas os não-encontros em não-lugares? o ~~ser~~ travesti encontra dificuldades em ser. verbo sufocado no isolamento da transfobia urbana: é.

desertar, aqui, não é abandonar a cidade, mas *torná--la habitável*. Mesmo ~~sendo~~ sem-saída e tosca, Rodríguez, enquanto uma travesti que habita o Chile, traz em s/i uma rua, uma via de fluxos e pulsões, uma outra órbita... e além disso, sempre há uma saída, até nas ruas sem-saída.

E por fim, trago, de novo, o *lundu*, de tatiana nascimento. E é aqui, nesses desvios diaspóricos, que a coisa fica preta. Retomando o lugar estratégico dos "editoriais", *lundu* nos traz uma flechada: "adesvio: em caso de emergência, quebre o protocolo" (nascimento, 2016). O aviso, como desvio, é a liberação do desvio como possibilidade de refazer os caminhos, inclusive os caminhos da leitura. A quebra do protocolo é facultada, até mesmo estimulada, como possibilidade de um caminho que se deve manter sempre aberto. E logo de cara, ali na frente, o caminho da estrada se cruza com o caminho da escrita, numa hist-ória descontínua e numa geo/grafia despedaçada, assim vem *Marabô*: "achei (que) você, (estava numa) encruzilhada (devaneigros desde meu queerlombismo)" (nascimento, 2016). As marcas dessa escrita, seu traçado estilístico já trazem em si uma abertura infinita, que requer sempre a quebra de todo y qualquer protocolo.

l – deixando a teoria queer para trás

Não há protocolos aqui. Achar algo, a encruz/ilhada, aqui, é já achar que achou algo, isto é, suspeitar da descoberta. É achar que alguém estava lá: você, Exú? Isto seria já o devaneio negro misturado e desfeito no "devaneigros" que se associa necessariamente ao quilombo, com a luta histórica y geográfica de pretes desertores da escravidão colonial, desviades, ex/orbitades, para tornar-se uma ontopolítica, uma poética do desvio, uma poética da ex/orbitância do traçado colonial: *queerlombismo*. Aqui se afirma a possibilidade de refazer as rotas. "beliz:/já enfrentou muito golpe sim/y se corpo desse mar num carrega cicatriz/é que sua pele dágua se desfaz contra o toque/de cada golpe/açoite chicote/eu me refiz/eu me refiz/eu me refiz" (nascimento, 2016, p. 22). Se refazer do golpe poderia ser a possibilidade de refazer uma trajetória, de recriar as marcas que se inscreveram violentamente no corpo preto, y o estalar do chicote, que é mais que metáfora, seria o som que sempre se ouvirá, como uma cicatriz da alma no corpo preto.

Em *baleias*, os desvios tornam-se *derivas*: "Prefiro:/escavação arqueológica/tipo organo-bótica/de futuro/prefiro ciborgue/de pele diaspórica/ondalética pós-utópica/desaquendá no porto inseguro (são)/ancestrais/tecnologias curativas/anciãs/tecnologias orgasmativas/dazantiga/tecnologia contraceptiva (famoso 'cola-velcro' é pura tecnologia dazamiga) [...] 'baleias comem micropartícula pra fazer micropolítica' [...] eu sempre sonhei com elas numa onda meio xamânica.../a casa delas tem vista oceânica/diz que elas é tudo monogâmica/que tem lembrança elefântica" (nascimento, 2016, p. 58-9). Aqui, nessas derivas, a história da sapa preta e gorda faz corpo com a história das baleias, e, nas grandezas dessas memórias, trans-bordantes, uma certa ancestralidade trans- -espécie toma corpo. Histórias de fugas não-humanas que se encontraram nos movimentos trans-atlânticos, marcadas nas memórias, nas peles, nos cascos. Uma outra faceta do *queerlombismo*, mais aquático e oceânico, mais úmido, mas igualmente não-humano, monstro.

Nessas experimentações, portanto, nessas derivas e desvios experimentais, nesses roubos, fareja-se a afirmação de singularidades irredutíveis, como uma "lógica" tão oposicional que se opõe até a "lógica" da oposição. Aqui, nesses textos, em todos os nomes e assinaturas que apareceram, nas espécies que aqui se inscreveram, nas marcas aqui impressas, nos caminhos aqui seguidos ou extraviados, vimos a intransigência de uma força que não quer nada, a não ser se afirmar, quer seja se mudando, se transformando, fugindo, ou se refazendo. Uma força que não conhece barreira, uma pulsão que sempre desvia, escorrendo sempre em direção ao gozo sem-sentido. Nenhuma dessas marcas sexo-políticas poderia ser reduzida a um nome comum, nem "*queer*", nem "*cuir*", nem mesmo "*lesviadagem*", na medida exata em que o comum seria o aniquilamento y achatamento das singularidades monstras, barrando seu movimento pulsional incontrolável. Seria mais interessante, entretanto, fazer esses nomes singulares se mutiplicarem ao infinito, e deixar que eles se toquem, ainda que caoticamente, naquilo que tem de comum: a força pulsional de um desvio que só quer escoar sua afirmação. dazantiga: desvio, ex/orbitância, fuga, deserção, experimentação são tecnologias de cura, mas que só funcionam quando engatilhadas por um *foda-se* "narcísico", por uma violência que visa garantir o seu próprio movimento de escoamento pulsional. Essas escritas, assim como esses corpos, esses gêneros, essas sexualidades, em suas diferenças, são as aberturas infinitas, necessariamente contingentes, precárias, descontínuas de uma guerrilha sexo-epistêmica que não tem Futuro, mas que aí mesmo, como a (r)existência, também não tem fim...

no olho do cu(ir) – queer: centro e margens de uma palavra desgastada[5]

desvios de origem: genealogia "queer" perdida

há pelo menos 20 anos já escutamos/lemos, aqui e ali, essa estranha palavra: *queer*. Entretanto, a atmosfera "hypada" com que ela foi recebida e trabalhada nos contextos *sudaka*, sobretudo no Brasil, dificulta uma compreensão mais atenta e, portanto, uma *re*apropriação mais experimental e localizada do termo por parte de desertores de gênero y sexualidade *desde aká*. Nesse sentido, muito do rico e explosivo contexto sexo-político que envolve "*queer*" – enquanto palavra, "identidade" e movimento sexo-político – acaba por se perder ou se esfumaçar nessa atmosfera saturada; de modo que a palavra, drenada de toda sua força disruptiva, se esvazia num modismo estéril e ritualístico, quer seja abraçando ou abandonando de forma apressada a teoria *queer*.

Na tentativa, então, de recompor parte dessa atmosfera política explosiva, escolho os odores específicos de dois textos do "cânone" branco daquilo que se chama hoje de "teoria *queer*", e que, ainda assim não foram lidos com a seriedade y alegria necessárias. Trata-se de *Tendencies*, especificamente de seu Prefácio e do capítulo "Queer and Now", de Eve Sedgwick (1993); e de *Bodies That Matter*, especificamente o capítulo "Critically Queer", de Judith Butler (1993). No

---

5 Uma versão inicial desse texto foi lida no evento Cidade Queer em São Paulo, 2016. Publicado originalmente em Ayerbe, J (org). *Cidade queer, uma leitora*. São Paulo, Aurora Edições, 2017.

primeiro texto, a palavra *queer* exala uma potência sexo--epistêmica ou sexo-linguística, e no segundo, uma potência sexo-política ou ético-sexual.

Comecemos pelas *tendências*. Sedgwick faz um movimento muito importante para as pessoas sexo e gênero-dissidentes, na direção tortuosa de compor parte de uma genealogia "*queer*" perdida, sobretudo quando investe numa arquelogia e numa desconstrução desviada da etimologia da palavra. Sedgwick recompõe o tecido esfacelado que "*queer*" comporia: um termo multi-territorial, trans-fronteiriço, inter e trans-nacional, disseminado, dissimulado. Mas essa recomposição monstra, essa colcha de retalhos, toda cagada, feita por Sedgwick, não deixa de marcar aí, através de hesitações e ceticismos, que a problemática que "*queer*" abre é, em várias instâncias, algo inominável e que, portanto, deveria permanecer aberta. Nas suas palavras: "*Queer* é um momento, movimento e motivo prolongado – recorrente, redemoinhado, *problemático*. A palavra '*queer*', em si, significa *através* – vem da raiz indo-européia *twerkw*, que também gera o alemão *quer* (transversal), o latin *torquere* (entortar), o inglês *athwart*" [transversal, através, contra, perverso, errado] (Sedgwick, 1993, p. XII). Por mais que "*queer*" esteja ligada a um território linguístico indo-europeu, como sublinha Sedgwick, sua origem disseminada e transfronteiriça estaria longe de compor uma identidade coletiva coesa e soberana. Em todas as suas raízes etimológicas, apesar das especificidades que cada uma delas marca, "*queer*" seria o nome de algo que "desvia", que "transgride" ou que "entorta".

Assim, "*queer*" não seria o nome de uma identidade substancial positiva com um sujeito soberano, mas uma interpelação situacional ou oposicional, marcando um lugar problemático, que desvia em relação a uma norma, ou que faz a própria norma (se) desviar. Assim, se "*queer*" marca um lugar de desvio ou problemático do ponto de vista sexual e de gênero, esse lugar, entretanto, é de uma multiplicidade e diferença infinitas, e assim esses desvios ou problemas podem ter muitos nomes: "Essa é uma das coisas que "*queer*" pode oferecer: a malha aberta de possibilidades, lacunas, sobreposições, dissonâncias e ressonâncias, lapsos e excessos de significação, quando os elementos constitutivos do gênero e sexualidade de alguém não são feitos (ou *não podem* ser feitos) para significar de forma monolítica. As aventuras linguísticas, epistemológicas, representacionais e políticas relacionadas com cada uma de nós, que, às vezes, pode ser levada a se identificar enquanto (dentre muitas outras possibilidades) piriguetes, bichas loucas, fetichistas, *dragqueens*, clones, *leathers*, mulheres de terno, mulheres feministas, homens feministas, masturbadorxs, caminhoneiras, divas, barraqueiras, butchs, passivonas, storytellers, transexuais, tiazonas, simpatizantes, mulheres trans lésbicas ou lésbicas que dormem com homens ou... pessoas capazes de saborear, aprender e se identificar com isso" (Sedgwick, 1993, p. 8).

Butler, por sua vez, não é menos hesitante. Ela aponta para o risco que é terminar um livro com um capítulo sobre "*queer*", o que daria a falsa impressão de haver um fechamento triunfal do assunto, o que, segundo ela, não só seria impossível, mas indesejável. Para Butler, "*queer*" não comporia também uma identidade substancial positiva, mas seria, ao contrário, uma interpelação violenta que produz efeitos identitários. "*Queer*" seria, antes, uma injúria, uma ofensa, uma acusação. "O termo '*queer*' tem operado como uma prática linguística, cujo propósito tem sido envergonhar o sujeito que nomeia, ou melhor, produzir um sujeito *através* dessa interpelação envergonhadora. '*Queer*' possui a sua força precisamente através da invocação repetida, através da qual se ligou à acusação, patologização e insulto" (Butler, 1993, p. 226).

Entretanto, de ofensa, o termo passa a constituir uma certa substancialidade positiva, *torcendo* e *des-viando* o significado e a interpelação originárias. Para Butler, assim, "um termo que sinaliza a degradação foi girado – 'refuncionado'–, para significar um novo e afirmativo conjunto de significações" (Butler, 1993, p. 223). Se esse giro, essa reapropriação, ou melhor, essa *ex*propriação significante produz efeitos potentes para as pessoas *"queers"*, ele não deve tornar-se uma nova plataforma identitária fechada e autossuficiente. De um ponto de vista linguístico, mas também epistêmico e sexo-político, *"queer"* deveria sempre estar problematicamente aberto, aberto *às* possibilidades de desvios. "Se o termo *'queer'* deve ser um local de contestação coletiva, o ponto de partida para um conjunto de reflexões históricas e imaginações futuras, ele terá de permanecer aquilo que é atualmente; [algo] nunca realmente possuído, mas sempre e somente reorganizado, torcido, *queerizado* em relação a um uso anterior e na direção de propósitos políticos urgentes e em expansão" (Butler, 1993, p. 228).

Se *"queer"* marca também uma aliança com gays e lésbicas, não deixa aí de abrir um desvio identitário, de modo que não podem ser tidos como sinônimos. *"Queer"*, assim, marca ao mesmo tempo, uma *aliança* entre desviantes de gênero/sexualidade em geral e pessoas lgbtqias, mas também marca uma *ruptura* com essas políticas assimilacionistas. Para Butler, "o termo seduz uma geração mais nova que quer resistir aos modelos mais institucionalizados e reformistas de política *às* vezes levados a cabo por 'gays e lésbicas'" (Butler, 1993, p. 228). Ainda nessa abertura *"queer"*, Butler, valendo-se das reflexões dos estudos raciais, que deslocam a noção cristalizada e naturalizante de "raça" pela mais complexa e processual "racialização", afirma que não haveria uma substancialização de algo que seria "o *queer*", mas apenas processos múltiplos e descontínuos de *"queerizar"* (*'queering'*) (Butler, 1993, p. 229). Assim, não existiria alguém que seria ou tornar-se-ia *"queer"*, mas apenas pessoas que inscrevem e experimentam processos de *"queerização"* infinita.

Se, do ponto de vista "epistêmico", a "teoria *queer*", ou melhor, uma certa teorização da *"queericidade"*, como vista nos dois casos, sempre tentou se mostrar reticente em relação às possíveis cristalizações e assimilações identitárias, epistêmicas e linguísticas, o mesmo ocorre de um ponto de vista social e político. O "giro" expropriativo *"queer"* que Butler descreve, em que o sentido da palavra é torcido de algo negativo para algo positivo, tem início em terras estadunidenses em fins dos anos 1960, onde a Revolta de Stonewall configuraria um marco. Bichas pretas, *dragqueens* e mulheres trans negras, lésbicas *butchs chicanas*, transmasculinos, prostitutas imigrantes, ursos cubanos, masoquistas e experimentadores de drogas eram ali parte da fauna perversa que formaria o chamado "movimento *queer*" contemporâneo. Nesse sentido, *'queer'* seria o nome de um *trans-bordamento monstruoso* das margens higienizadas, brancas e cis do movimento feminista e dos movimentos de gays y lésbicas.

maquinismo e experimentação desde aká: Constanzx Castillo y Hija de Perra

pois bem, agora que já recuperei alguns elementos importantes em torno da atmosfera que circunda a palavra *"queer"*, proponho uma certa leitura a respeito da sua recepção em solos latino-americanos. Esse processo é múltiplo, diferencial, situado, localizado e ainda está em curso, de modo que não existe aqui nem uma explicação única e nem final para esse processo. Mas minha hipótese, se ela existisse, seria de que em vários setores do "público" que recebeu a cultura envolta da palavra *"queer"* aqui, não teríamos um processo de *apropriação* da palavra, mas sim uma *ex-propriação*, de modo que o que sempre esteve envolto nessas leituras/escritas *sudakas* não é da ordem da interpretação, mas da *experimentação*. Essa perspectiva desloca alguns pontos importantes da pretensa crítica "descolonial" da recepção *"queer"* na América Latina, que pinta um quadro de mera *passividade* e mimetismo na recepção da palavra, *desde aká*. Longe de uma apropriação comportada e interpretativa – meramente acadêmica ou ritualística –, muitas vezes o que se *produziu* aqui foram *ex-propriações selvagens* e *experimentais*, e isso não só do ponto de vista *linguístico*, mas também de uma materialidade *sexo-política* e *epistêmica*.

Nesse sentido, proponho uma experimentação de dois desses experimentos.

Constanzx A. Castillo, no corrosivo e emocionante *La Cerda Punk* (Castillo, 2014), misturando teoria política e autobiografia, narra que sua experiência *sudaka* com o feminismo se deu tanto por meio da academia, quanto por meio da cultura de rua do movimento feminista. E se Constanzx parte de experiências e teorizações euro-estadunidense para pensar um *feminismo gorde*, não deixa aí de marcar as (suas) diferenças: "sinto necessidade de visibilizar outros tipos de experiências, diferentes das dos yankees" (Castillo, 2014, p. 24). Nesse sentido, não existe a afirmação de uma pretensa "pureza" *sudaka*, frente às determinações da colonialidade como condição "latino-americana". É *através* de uma certa leitura, desviada e torta, da própria tradição feminista euro--estadunidense – onde esta pensa os atravessamentos da gordura com as questões de gênero/sexualidade – que Castillo constrói o projeto situado e situacional da *porca punk*.

No contexto belicoso da colonialidade "latino-americana", é o ***corpo*** mesmo, hipersexualizado e exotizado, que aparece, que se *marca* como campo de batalha, como linha de deserção e resistência. "Escrevo porque quero tornar público minha corpa, porque minha corpa é política. Me reconhecer a partir da minha ferida, a partir das minhas estrias que percorrem minha barriga transbordada" (Castillo, 2014, p. 23). Se a corpa gorde é reduzida à privacidade dos espaços, a *escrita gorda* é uma ferramenta, uma espécie de contra--dispositivo catártico-político, que de um só golpe ameniza as cicatrizes da vida (no corpo) gorde e transborda a experiência gorda de volta ao espaço público.

Entretanto, aqui também essa identificação não gera identidades fixas e coerentes, já que num contexto *sudaka*, a situacionalidade também é uma tática de *guerrilha* ~~identitária~~. "Uso das palavras como tática, chamar-se gorda é uma identidade estratégica, contextual, perturbadora, assim como chamar-se de lésbica, feminista ou porca punk" (Castillo, 2014, p. 24). Assim, a porca punk, apesar de conter uma materialidade situada, que se experimenta nas ruas, nas praias ou nas baladas, não chega a formar uma essência. Trata-se de uma *condição*, inescapável, mas também de uma *ferramenta*, acionável.

Os experimentos de Hija de Perra, em contrapartida, em "Interpretações imundas de como a Teoria Queer coloniza nosso contexto sudaca" (Perra, 2014-15), também funcionam a pleno vapor. Perra começa por mostrar que "marica" funciona no contexto *sudaka* (hispano-falante) de forma semelhante (mas não idêntica) à interpelação e injúria *"queer"*, mostrando assim que processos de ressignificação da abjeção homofóbica e o "giro" expropriador também aconteciam *desde aká*. Além disso, se a Revolta de Stonewall foi inscrita como momento fundacional da genealogia *"queer"* euro-estadunidense, Perra oferece pistas para a composição de uma *genealogia marica*, que deveria começar por investigar as imemoriais práticas não-binárias e sexo-desviantes das comunidades indígenas:

"Os conquistadores olharam os homens indígenas como seres selvagens afeminados por conta da sua ornamentação e as mulheres como fogosas por terem parte dos corpos desnudos. Nossos ancestrais foram vestidos com roupas estranhas à sua cultura original, cortaram os seus cabelos para diferenciá-los entre homens e mulheres e não permitiram, tomando-as por aberração, todas as práticas intersexuais que produziam alterações à moralista mente espanhola" (Perra, 2014-15, p. 2). Para Perra, portanto, parece ser mais produtivo, no contexto sudaka, investigar essa genealogia perdida da selvageria sexual e de gênero nos povos indígenas, do que esforçar-se e compreender o contexto *"queer"* do norte global.

Por meio de uma linguagem corrosivamente poética, Perra questiona as identidades sexuais e de gênero, multiplicando--as parodicamente ao infinito: "Serei uma travesti sodomita lésbica ardente metropolitanizada? Serei uma bissexual afeminada em pecado com traços contrassexuais e delírio de transgressão de transexualidade? Serei uma tecno-mulher anormal com caprichos ninfomaníacos multissexuais carnais? Serei um monstro sexual normalizado pela academia dentro da selva de concreto? Serei um homossexual ornamentadamente empetecada, feminina, pobre, com inclinação sodomita capitalista? Serei uma travesti penetradora de buracos voluptuosos dispostos a devires ardentes? Ou serei um corpo em contínuo trânsito identitário em busca de prazer sexual?" (Perra, 2014-15, p. 4-5). Esses *delírios sexo--identitários*, demasiado *sudakas*, seriam já uma espécie de pista, de trilhamento: em vez de procurar uma tradução única e final para *"queer"*, deve-se deixar a dimensão do desvio e do entortamento *"queer"* multiplicar-se na infinidade situada – tal qual ela aparece, imemorialmente – das atmosferas marginais do *esgoto sudaka*. Aqui já existiam outros desvios.

a virada monstra, desde aká:
Quimer(d)a y Susy Shock

Queria ainda destacar dois casos emblemáticos dessa experimentação expropriativa da "teoria *queer*" *desde aká*. Trata-se de dois *textos monstruosos*. Em ambos os casos, vemos um deslocamento *sudaka* das questões de dissidência sexo-políticas, na medida em que ambos os textos apontam que a transgeneridade num contexto *sudaka*, não somente borra e estremece as oposições hétero/homo e cis/trans, mas também, e de forma ainda mais sombria e profunda, a oposição humano/animal.

O primeiro é a tirinha "LobisHomem Trans" do fanzine *Quimer(d)a*. A tirinha narra os desvios cotidianos de um corpo transmasculino branco, convivendo agora em ambientes cis-masculinos brancos e sendo interpelado de várias maneiras pela cis-héteronorma. Confundido com um homem cis na academia, acaba por ser interpelado pela "brodagem" cis-hétero: "E aí, parça, olha aquela gostosa. Nossa, eu comia" – dizem os machos. O trans vai inflando de ódio, tornando-se cada vez mais peludo e monstruoso. Mas a raiva não se contém, e quando os machos se deitam para fazer o supino, o trans passa, deixando uma nuvem de peido trans-testosteronado, como forma de vingança monstra. Saindo da academia, aproveita a solidão no busão, que não dura muito. Um macho espaçoso logo se aproxima e senta, com as pernas bem esparramadas do lado do trans. Com coçadas no saco e conversas heterossexistas no telefone, o trans fica cada vez mais monstro e furioso. Em vez de disputar o campeonato de quem abre mais as pernas, o monstro encosta o braço de forma maliciosa no macho, que, sob o terror de uma heterossexualidade frágil, sente sua sexualidade ameaçada e troca rapidamente de lugar. Por fim, descendo do ônibus, ele vai para um encontro feminista e eis que num dos poucos lugares onde ele aparentemente teria paz, é interpelado: "Oi.

Só mina é bem-vinda" – "Não. Eu... eu não sei. Eu não...". Eis que o monstro abandona todas as suas roupas, monta nas quatro patas e foge, deserta... fim da tirinha.

A experiência trans aí também possibilita um espaço de desvio não somente de sexo/gênero, mas de desvio de espécie. *Quimer(d)a* abre a transgeneridade, no conjunto das relações de abjeção cis-heterossexuais, mas também nas trans-formações monstruosas operadas pela testosterona e outras tecnologias de gênero, para as experiências e experimentações do não-humano, da bestialidade, animalidade e da monstruosidade. E se essa experiência da transgeneridade monstra é expressa no estigma e na abjeção, como a tirinha marca em vários momentos, ela é também a abertura de uma alegria igualmente bestial, monstra. E é exatamente, mas não somente, *através* do humor e dos desenhos que essa experiência ambivalente se grafa.

Por fim, destaco *Reivindico meu direito a ser um monstro*, brilhante poema/ensaio político da maravilhosa travesti Susy Shock. Aqui, não tanto através do humor, mas de um lirismo desenfreado, delirante, Shock pensa a transgeneridade *sudaka*, especificamente a *travestilidade*, como um deslocamento ao mesmo tempo das barreiras de *gênero*, mas também de *espécie*. Uma recusa brutal dos enquadramentos de gênero, e uma reinvenção performativa e material do corpo, é um marcador que abre a vida trans (travesti) para o violento e maravilhoso mundo da bestialidade não-humana: "Eu, pobre mortal, equidistante de tudo, eu, RG: 20.598.061, eu, primeiro filho de uma mãe que depois fui, eu, velha aluna desta escola dos suplícios. Eu, reivindico meu direito a ser um monstro. Nem homem nem mulher". (Shock, 2013, p. 12-3)

A transgeneridade, a travestilidade, como aponta Shock, é uma experiência primeiramente de perda, desorientação e de deriva sexo-existencial. Estar "equidistante" de tudo, de si mesma, do "seu" RG, da sua linhagem familiar, da sua educação, do seu gênero... E é nessa direção torta, desviada, desorientada que a *experimentação* se marca como condição e como ferramenta monstra da transgeneridade, da travestilidade. É exatamente por não se saber onde se está mais, quer seja por ter abandonado posições ou por nunca as terem tido de fato, que a *experimentação* ganha terreno. A experimentação trans, monstra, são os passos tortuosos de uma trajetória que nunca acaba, que não tem fim e nem ponto de chegada. Na experimentação trans-monstra de Shock, o caminho, a trajetória e a estrada já são tudo que existe, tudo que importa. Abandonar "títulos" não é um luxo, mas uma necessidade, repleta de riscos y contradições, pois assim o corpo fica mais leve para viajar, experimentar a estrada da *trans*formação. A monstruosidade é apenas um nome dessa trajetória *trans*locada, onde o próprio corpo devém a "tela branca" onde se pincelam as cores da diferença e da singularidade monstra. A monstruosidade trans, isto é, uma certa mons*trans*idade, não pede permissão, não exige reconhecimento, ela só (se) *afirma*, e (se) afirma errantemente nas precárias y singelas experimentações infinitas do corpo enquanto estrada, encruzilhada, desvio, retorno, beco sem-saída, ponte, atalho...

AMERICA SEPTEN

ZUR

PARTE II

MAR DES NORD

guerrilha
ontográfica

desfeituras: uma certa construção das transfeminilidades[6]

gênero: disseminações infinitas

gostaria de iniciar a minha fala retomando dois grandes ~~filósofos~~ que, em determinados momentos, e com interesses distintos, meditaram sobre o "sexo".

O primeiro é, na verdade, mais de um. Trata-se de Deleuze e Guattari, numa famosa passagem do livro *O Anti-édipo: capitalismo e esquizofrenia I*: "Eis o que são as máquinas desejantes ou o sexo não-humano: não um, nem mesmo dois, mas *n* sexos. A fórmula esquizoanalítica da revolução desejante será primeiramente essa: a cada um, seus sexos" (Deleuze e Guattari, 2010, p. 390).

O segundo é Jacques Derrida, num texto denso e estranho, mas riquíssimo, intitulado "Différence Sexuelle, Différence Ontologique (Geschlecht I)", que trata do silêncio de Heidegger sobre a diferença sexual nas suas reflexões a respeito da ontologia. Em certa altura, lemos: "Essa ordem de implicações abre ao pensamento de uma diferença sexual que não seria mais dualidade sexual, diferença como dualidade" (Derrida, 2010, p. 171).

O que Deleuze e Guattari trazem é a necessidade de pensarmos o sexo (gênero) a partir das singularidades infinitas

---

6 Texto preparado inicialmente para a mesa "Construção das feminilidades cis e trans", no *VIII POPPORN Festival*, ocorrido em São Paulo em 9.jun.2018. Infelizmente, por motivos outros, não pude comparecer ao evento e apresentar o texto. Ele foi posteriormente publicado em Nhamandu, 2018, p. 211-288.

de cada corpo. Isto é, se cada corpo é a recondução em si de, em primeiro lugar, normas sociais e a forma singular como cada um re-cita ou des-loca essas normas e, em segundo lugar, a sua própria singularidade subjetiva, então cada corpo construirá singularmente sua performatividade sexual e de gênero. De modo que mesmo a reprodução fixa e dual, homem e mulher, será de uma multiplicidade infinita, já que cada corpo terá sua forma singular de se apropriar e introjetar material e subjetivamente esses ideais reguladores.

Já Derrida nos alerta para pensarmos a diferença para além do binarismo ocidental, que sempre reduz a diferença a um dualismo, onde um termo é sempre a ausência (não-presença) ou a negação do outro, e onde um sempre domina ética e onto-logicamente o outro: luz/escuridão, homem/mulher, cultura/natureza etc. Assim, segundo Derrida (2010) seria necessário, num gesto negativo, abalar a concepção da diferença sexual construída pela matriz binária e, ao mesmo tempo, num gesto afirmativo, pensá-la a partir de uma diferença que não seja dual e binária, de um "outro" que não remeta a um "um"; uma diferença infinita.

A disseminação infinita de identidades sexuais e de gênero que vemos surgir no chamado mundo ocidental, pelo menos desde os anos 1960, não é somente a produção de novas identidades, mas a re-entrada em cena de "identidades" que existem há muito tempo e que foram política e historicamente marginalizadas e recalcadas em nome da coerência reguladora da matriz binária sexual e de gênero.

Assim, se vamos debater a construção de feminilidades, precisamos ter mente as infinitas formas que existem de construí-las. Portanto, quando falamos de construções de feminilidades cis, não podemos pensar somente na feminilidade de mulheres cis, mas também na feminilidade das bichas e mariconas, das *pocs*, das *leathers* ou das *dragqueens*.

Igualmente, quando falamos na construção de feminilidades trans, não estamos falando somente das feminilidades de travestis ou mulheres trans, mas também de feminilidades não-binárias, feminilidades de homens trans viados e afeminados ou de *genderfucks*.

Dito isso, essa fala irá se centrar, ironicamente, na feminilidade marginal das travestis e mulheres trans. Mas antes, algumas palavras sobre a tal da representatividade.

a representatividade não me representa

nos últimos cinco anos, no contexto do Brasil, como reflexo das discussões trazidas pelo feminismo negro, feminismo interseccional e o transfeminismo, o movimento e a teoria feminista como um todo vêm debatendo de forma bem intensa questões que envolvem a representatividade.

Se me permitem, vou traçar um breve y limitado quadro dessas contribuições. De modo mais amplo, esse debate mostrou como as dinâmicas de gênero/raça/classe influenciam ativa e contundentemente estruturas fundamentais da nossa sociedade. *Economia*: as feministas tradicionais (brancas) mostraram como existe uma diferença salarial gritante entre "homens" e "mulheres"; as interseccionais mostraram como isso ainda é maior para as mulheres negras/racializadas e periféricas; as transfeministas mostraram como nem mesmo no mercado formal de trabalho as pessoas trans conseguem entrar, já que são comumente expulsas ou forçadas a sair de casa e da escola desde jovens, tendo como alternativa o submercado da prostituição e da criminalidade. *Artes/Cultura*: as interseccionais mostraram a presença precária de mulheres negras no cinema/teatro/televisão, reduzidas a papéis que normalmente reproduzem estereótipos racistas e misóginos (escravas, cozinheiras, prostitutas, "charlatãs", dançarinas etc.); as transfeministas mostraram a quase ausência da representação de pessoas trans nas produções culturais e artísticas em geral, e ainda denunciaram a existência do nefasto fenômeno conhecido como *transfake*, isto é, a interpretação de papéis de personagens trans por atores cis. *Política*: diferentes vertentes do feminismo mostraram a ausência ou a presença precária de mulheres brancas, mulheres negras e racializadas e pessoas trans, tanto no campo da política partidária institucional e parlamentar quanto no campo da política feita pelos movimentos sociais de base.

Entretanto, apesar dos avanços, o debate sobre a representatividade tem visibilizado cada vez mais um problema que ele mesmo, contraditoriamente, sucita. Existe uma narrativa implícita nos discursos sobre representatividade, que consiste na crença de que a ocupação de posições estratégicas (poder, visibilidade) por parte desses corpos y grupos historicamente excluídos ou marginalizados pela organização colonial do mundo, levará, necessariamente, à uma mudança progressiva y estrutural desse quadro. Assim, casos extremos, como o governo de Dilma Houssef y Barack Obama, que não foram capazes nem mesmo de arranhar a estrutura de gênero y racial dos seus respectivos países, nos mostram que as políticas de representatividade são muito mais contraditórias y insuficientes do que comumente se apresentam, para dizer o mínimo. Isso nos faz crer – como inúmeros pensadores y ativistas, tanto dos movimentos feministas y lgbtqia, quanto dos movimentos pretos, sob as formas dos chamados *niilismo queer* y do *afropessimismo* vêm afirmando – que os problemas das violências de gênero/sexualidade y raciais, respectivamente, não podem ser resolvidos reformulando ou "hackeando" as estruturas desse mundo (antilgbtqia y antipreto), mas somente abolindo-as. A representatividade é um terreno repleto de armadilhas!

desfeituras   **69**

Além disso, as políticas de representatividade parecem ser danosas também do ponto de vista subjetivo e existencial. Mais do que estimular a autoidentificação y o chamado "empoderamento", a circulação de imagens na grande mídia, por mais minoritárias que sejam, acaba operando como um ideal regulador que tem sempre como efeito, com mais ou menos intensidade, a exclusão ou a adaptação forçada. Pense, por exemplo, em quantas pretas gordas ou pessoas trans pretas estavam no elenco do filme *Pantera Negra* (2018), ou na quantidade de atores e atriz pornô com capacidades físicas diferenciais que existem no circuito do *pós-pornô*. Algo sempre irá escapar. A singularidade infinita dos corpos nunca poderá ser contida numa imagem, numa representação, por mais múltipla que seja. A (tentativa da) representatividade, nesses contextos, se mostra como uma forma de reconfigurar a balança histórica dessas (in)visibilidades y (des)empoderamentos, mas ao não (poder) fazer aquilo que ela se propõe ou promete, ela gera ainda mais dor y sofrimento. Nesse sentido, não tenho a menor pretensão em representar ninguém, nem e/u mesma. Entretanto, através de uma relação reticente y esfacelada com o regime da visibilidade y com certos espaços de poder, que também não abro mão (como se isso fosse simplesmente possível), pretendo fazer com que essa minhas vibrações existenciais possam reverberar y ressoar diferentemente em muitas corpas.

Como uma alternativa, limitada y precária, à representatividade, penso, por exemplo, nos processos de *desidentificação*. Paul Preciado afirma no fim do seu *Testo Junkie*: "Não me reconheço. Nem quando tomo T, nem quando não tomo T. Não sou nem mais nem menos eu. [...] O desreconhecimento, a desidentificação é uma condição de emergência do político como possibilidade de transformação da realidade" (Preciado, 2018, p. 414).

A desidentificação foi e ainda é fundamental na construção das minhas transfeminilidades. Num primeiro momento, a desidentificação com a figura do homem cis, que me havia sido designada ao nascer, é que me foi fundamental no processo inicial de transição, mais do que a identificação com as figuras femininas. Daí comecei um processo de *mariconização*. E outro momento fundamental da minha transição foi a desidentificação com a figura da *bicha mariquinha* rumo às transfeminilidades. Posteriormente, a desidentificação com a figura da trans não-binária rumo à travestilidade... Assim, longe de gerar uma imobilidade, a desidentificação parece empurrar-nos num movimento nômade de construção de uma subjetividade e corporeidade que ainda nem compreendemos, evitando ainda as territorializações em modelos reguladores prontos e imutáveis que as políticas de representação/representatividade, ainda que a contragosto, invariavelmente instauram.

monstransidades

é comum ouvirmos que a construção da feminilidade trans e travesti abala o binômio homem/mulher. Entretanto, pensadores trans tem, recentemente, apontado que a transgeneridade abala não apenas a oposição homem/mulher, mas, de forma mais visceral e violenta, a própria oposição humano/animal. Não pretendo apagar a multiplicidade das performatividades travestis e nem a importância dos processos de desidentificação que aí ocorrem, mas, a partir deste ponto, pretendo focar num eixo que acho fundamental na construção das feminilidades travestis: a monstruosidade.

Acompanhemos então as reflexões de duas maravilhosas travestis *"sudakas"* a respeito dos processos de construção subjetiva e performativa das suas travestilidades. Em primeiro lugar, a maravilhosa e corrosiva travesti de origem chilena Hija de Perra, no seu ensaio "Interpretações imundas de como a Teoria *Queer* coloniza nosso contexto sudaca" (Perra, 2014-15). A travestilidade para Perra é já a abertura para o campo da experimentação, da dúvida e de um transitar entre diferentes zonas da feminilidade. Não por menos ela brinca e joga bastante com as identidades de gênero que em determinados momentos abrem uma zona de contato com a travestilidade (lesbianismo, homossexualidade masculina, intersexualidade...) e não por menos o modo como ela formula e tensiona esse argumento possui a forma sintomática de dois elementos linguístico-textuais extremamente disruptivos: a pergunta e a paródia. "Serei uma travesti sodomita lésbica ardente metropolitanizada? Serei uma bissexual afeminada em pecado com traços contrassexuais e delírio de transgressão de transexualidade? Serei uma tecno-mulher anormal com caprichos ninfomaníacos multissexuais carnais? Serei um monstro sexual normalizado pela academia dentro da selva de concreto?" (Perra, 2015, p. 4-5). A travestilidade entra aí, em primeiro lugar como um *questionamento* de gênero, uma *dúvida* de gênero, que se mantém cética e relutante frente aos regimes da normalidade, as lógicas do consumismo identitário capitalista, aos enrijecimentos subjetivos, as violências de gênero eurocêntricas e coloniais. A travestilidade aí, a sua travestilidade, nunca é a afirmação de atributos essenciais, mas o questionamento incessante que se estabelece nas zonas de contato entre diferentes tipos de feminilidades marginais, borradas, mistas, híbridas, sujas...

O outro trabalho é da poeta travesti de origem argentina Susy Shock, especificamente o seu poema "Reivindico meu direito de ser um monstro": "Não quero mais títulos para carregar. Só meu direito vital de ser um monstro." (Shock, 2013, p. 12-3). Aí, a feminilidade travesti se liga a monstruosidade porque, assim como os monstros, ela está inserida num conjunto de tecnologias experimentais para transformar estética e subjetivamente os corpos: lembremos de Frankenstein, por exemplo. A travestilidade monstra de Shock é, portanto, a tomada do seu corpo como um laboratório de experimentação performativa e hormonal. Não parece existir um fim nessa transição, apenas os caminhos e as múltiplas formas de trilhá-los.

A feminilidade travesti é monstra também por abalar a lógica binária. Assim como os monstros, Susy não é nem homem e nem mulher, nem humano e nem animal, mas uma figura híbrida que transita experimentalmente entre esses terrenos. "Eu, reivindico meu direito a ser um monstro. Nem homem nem mulher. Nem XXY nem H2O." (Shock, 2013, p. 12). Até a espacialização binária dos gêneros, a travestilidade abala. A respeito da escolha infame entre os banheiros, Shock responde com uma interrogação corrosiva. "Um outro título novo para carregar? Banheiro de Damas? ou de Cavalheiros?" (Shock, 2013, p. 14).

Assim como a monstruosidade, a travestilidade também é marcada por manter relações de tensões com a normalidade. A travesti é monstra, portanto, por abalar os regimes discursivos e os ideais reguladores do regime do normal. "Reivindico meu direito a ser um monstro. Que os outros sejam o Normal! O Vaticano Normal. O crê em Deus pai Normal. Os pastores e os rebanhos do normal. O Honorável Congresso das leis do Normal. O velho Larousse do Normal" (Shock, 2013, p. 13). Aqui a monstransidade também questiona, ainda que indiretamente, os discursos da representatividade. Enquanto a representatividade é sempre, em alguma medida, uma tentativa de reivindicar um espaço na norma (ainda que esse gesto seja necessário y legítimo, num certo sentido), a monstruosidade é a afirmação de uma diferença infinita que não pretende ser assimilada pelos regimes normativos da representação (visibilidade/posicionalidade).

Ser travesti, assim, seria apenas a afirmação de uma feminilidade híbrida, estranha e experimental, que não se pauta pelos regimes de normalidade para legitimar sua existência. A travestilidade é uma multiplicidade de feminilidades estranhas, justamente por ser a afirmação de cada singularidade monstra que se mistura e roça entre hormônios e maquiagens, saltos e coturnos, apliques e tranças, próteses e depilações, pelos e peles, cus e dildos, entre saberes e prazeres, lógicas e delírios, entre beleza e violência, batons e navalhas, sorrisos e facadas, vida e morte, fuga e sorte... num caminho sem fim...

trans/bordando: transgeneridades atravessadas pela gordura[7]

nas trilhas da otobiografia

e/u gostaria de iniciar essa fala, se me permitem, anunciando alguns limites que nela se marcam, invariavelmente. A começar pelo seu tom *s o l t o*, informal, improvisado, apesar de toda a preparação y dos estudos que a precederam. Por um lado, isso é uma tentativa de facilitar um diálogo, uma troca de experiências, uma experimentação coletiva, que quero aqui propor. E, nesse sentido, a soltura de uma fala mais ou menos improvisada, que compartilha dúvidas e inquietações, me parece mais propícia a dar conta desse objetivo do que a apresentação de um programa preestabelecido. Mas não é só como fruto de uma intencionalidade, movida pela necessidade do diálogo e das trocas, que essa soltura se justifica. Ao contrário, é mais em função daquilo que escapa à intencionalidade, ao programa racionalmente concebido, que ela se justificaria. É que esses temas, que lhes apresentarei, ainda estão muito soltos, informais e improvisados em mim mesma, chocam-se entre si, se sobrepõem, se atravessam em *m/im* de uma forma ainda muito confusa, de modo que essa fala/escrita apenas reflete *performativamente* essa *con*fusão. Mas ainda assim, tentarei extrair vantagens ético-epistêmicas desse lugar confuso.

---

7   Esse texto é uma versão mais elaborada y densa da fala apresentada na mesa *"Gordofobia e dissidentes de gênero"*, que ocorreu dentro do contexto da *Residência Artística Nàmíbiá*, no dia 14.set.2018 na Void (SP).

Por outro lado, essa soltura também é reflexo de uma certa hesitação de método. Essa fala/escrita hesita em dar seus primeiros passos na direção de um caminho mais pessoal. Ela engatinha, tateando e hesitando, para trilhar um caminho mais ~~autobiográfico~~. E esse gesto é errático porque é também ar-riscado, ele é repleto de hesitações porque sabe dos riscos que enfrenta, já que ele é a tentativa de ex/orbitar a trajetória da metafísica euro-branca, de ex/orbitar um de seus maiores postulados epistemológicos, a saber, a necessidade radical de separar y de purgar a vida da obra, de rebaixar ética e onto-logicamente a vida em detrimento da obra. Assim, trilhando um caminho já aberto por Jacques Derrida, acredito que a vida – a *trilha esfacelada autobiográfica* – não é apenas um acaso epistemológico na trajetória de uma pensadora, filósofa, cientista, poeta, louca etc.: "Nós não consideraremos mais a biografia de um filósofo como um conjunto de acidentes empíricos" (Derrida, 1984, p. 39). Ao contrário, acredito que a vida mesma e a experiência mundana, autobiográfica, pode funcionar como um *arquivo vivo* a partir do qual um pensamento ético, político, ontográfico, ~~epistemológico~~ etc. pode emergir. E um pensamento que é, ainda, legítimo. A respeito do jogo entre vida e obra (e assinatura e dissimulação) no pensamento de Nietzsche, Derrida escreve: "Ele coloca seu corpo e seu nome em movimento, mesmo se avança através de máscaras e pseudônimos sem nomes próprios" (Derrida, 1984, p. 45). Radicalizo aqui a necessidade desse gesto! Para atravessar *a metafísica ocidental* e sua lógica colonial branca, é necessário *colocar o corpo e a vida em jogo*! É necessário encarar o corpo e a vida como arquivos legítimos a partir dos quais se pode produzir, criar, fabular, especular, diagnosticar e, em última instância, pensar!

Mas é necessário ainda evitar a metafísica egológica inscrita na autobiografia. O *Eu* não é uma unidade soberana do indivíduo que se expressaria de forma triunfal no relato autobiográfico, como vemos em diversas expressões da metafísica euro-branca. É preciso desconfiar da "tópica do *autos*" que Derrida (2007, p. 358) problematiza como limite do "autobiográfico". A autobiografia como a re-afirmação de si, a reiteração de si enquanto o mesmo, a reiteração de um Eu soberano, é uma redução da complexidade inscrita no processo de arquivamento da trilha biográfica. Esse processo é antes, e de forma muito mais profunda, a diferenciação de si, o momento problemático em que se *é diferentemente*. Para Derrida, a "assinatura autobiográfica" estaria ligada ao "eterno retorno", um retorno que não se dá no *presente*, no *mesmo* e no *tempo cronológico*, mas um retorno que "é intempestivo, diferente e anacrônico" (Derrida, 1984, p. 73-4), desafiando a metafísica da presença inscrita na concepção euro-branca do tempo. Assim, a vida mesma seria atravessada por esses movimentos errantes da diferenciação, de modo que o registro autobiográfico não seria a captura e a reprodução do mesmo – do presente e do tempo cronológico –, apesar das aparências, mas, antes, a captura precária e que escapa por todos os lados desse movimento errante da diferença que atravessa o vivente, a *diferenciação de s/i*. É percebendo os limites do autobiográfico que Derrida propõe, então, a noção de *otobiografia*, uma palavra que dá conta de forma mais complexa e profunda das ralações que se estabelecem entre a diferença e a vida. Assim, o *Eu autobiográfico, pretensamente* coeso e soberano, dá espaço para o *e/u otobiográfico*, esse nome provisório para algo que está sempre y já diferenciando-se, es*face*lando-se, y arquivando isso. a inteireza es*face*lada do meu *corpo* arquiva as mudanças dos meus e/us afetados pelas outrizações raciais y de gênero. é sobre isso que pretendo falar um pouco hoje. *arqueervo*.

Por fim, essa fala/escrita não se apega ao registro otobiográfico só por inclinações intencionais, mas também por limites e por necessidade. e/u me proponho a falar aqui sobre as relações entre a *transgeneridade* y a **gordura** (y racialização) e, como podemos antever, por motivos que já se desenham mais nitidamente ou não, infelizmente, não possuímos muitos arquivos otobiográficos em que pessoas trans pretas gordas narram ou grafam suas experiências. É por isso, por essa necessidade, que meto meu corpo e minha assinatura nas diferenças que elas marcam, em jogo, na tentativa de fazer dessas experiências otobiográficas um *arquivo ético-epistêmico trans-gorde possível*. Faço questão de valorizar a radicalização desse gesto, no contexto das vidas gordas gênero-sexo desertoras y racializadas, pois ele abre um novo conjunto de possibilidades afirmativas em diversas esferas da existência, ao mostrar que vida mesma, em toda sua "inteireza", opera também como um tipo de arquivo a partir do qual é possível pensar, criar y agir. Quer seja na *minha* assinatura e em tudo de *meu* que se dissimula e se difere aí, ou em outras assinaturas e em tudo de **meu** que aí se reverbera, essa fala/escrita marca a tentativa, ainda que hesitante e errática, de trilhar outras órbitas. Procuro aqui, portanto, experimentar modos de pensar através da minha *vida*, na diferença ontográfica, desviando da separação ôntica e onto-lógica,[8] entre meus modos de ~~ser~~ uma corpa gorda trans y preta y entre a materialidade dessa corpa mesma y entre meus modos de ~~ser~~ isso *diferentemente*. Essa *experimentação otobiográfica*, portanto, não é a refundação do meu *Eu* íntimo, mas o momento em que esse *e/u* é atravessado pelas suas diferenças: escrevo sobre m/im para tornar-me algo diferente do que ~~sou~~. *e/u* ~~sou~~ o conjunto das diferenças que me atrav/essam y me trans/formam. *isso* se experimenta.

---

8   Para uma definição sobre a diferença ôntica e ontológica na ontologia clássica, sugiro, no capítulo "escuireser: esfacelamentos racistas nas encuirz/ilhadas entre raça y gênero", adiante, a seção intitulada *escuirsendo nas encuirz/ilhadas trans-pretas*, p. 130-137, especificamente a nota 20.

"ideologia de gênero" ou terrorismo cis-hétero?

recentemente, com a intensificação da violência colonial expressa no conservadorismo moral y no fascismo, temos assistido a uma proliferação intensa de discursos e narrativas que evocam a assim chamada "ideologia de gênero". Segundo essa narrativa, a "ideologia de gênero" seria um bloco ideológico coeso e articulado que, mediante um conjunto difuso e amplo de ativistas e militantes de diferentes causas sociais (feministas, lgbtqia's, movimento negro, anarquistas, comunistas, sindicalistas, professores, movimentos sociais...), estaria sendo imposto à população em geral, e às crianças em específico, com o intuito de doutriná-las e convertê-las em favor da causa feminista e lgbtqia. Entretanto, percebemos que essa narrativa não só é delirante, como também é perniciosa, porque ela não apenas inventa uma "doutrinação" que não existe – a suposta doutrinação feminista e lgbtqia – como mascara e dissimula uma doutrinação milenar real e em curso, a saber, a imposição do binarismo de gênero y da heterossexualidade compulsória. Aliás, que o termo "doutrinação" – de origem religiosa e teológica – seja utilizado para falar da suposta doutrinação feminista e lgbtqia, mas não da doutrinação cis-heterossexista, é sintomático dessa perniciosidade, dissimulada por trás dessas narrativas.

Se existe uma ideologia de gênero é aquela que está circulando no ato de prescrever e designar um gênero para um feto que ainda nem saiu do útero, através das tecnologias biopolíticas do ultrassom. Ideologia de gênero é um médico cis branco bater na bunda de um bebê que nem sabe andar ou falar, e dizer: "É menino!". Ideologia de gênero é mutilar bebês intersexos recém-nascidos, porque sua morfologia genital não é coerente com o gênero que lhes foram biopoliticamente designados no nascimento. Ideologia de gênero é presentear com carrinhos e bolas corpos biopoliticamente

trans/bordando   79

designados homem ao nascer, e presentear com bonecas e forninhos corpos biopoliticamente designados mulher ao nascer; é estimular corpos biopoliticamente designados homem ao nascer a fazer atividades físicas e esportivas e confinar os corpos biopoliticamente designados mulher; é estimular o desenvolvimento *heteros*sexual precoce – comprando revistas pornográficas ou proporcionando idas a prostíbulos, inclusive – de corpos biopoliticamente designados homem ao nascer, e reprimir e retardar tanto quanto possível o desenvolvimento *heteros*sexual de corpos biopoliticamente designados mulher. A doutrinação cis-heterossexista é sagrada – e, como tal, está, inclusive, na Bíblia: no "crescei-vos e multiplicai-vos, enchei e dominai a terra" e no "E criou Deus o homem à sua imagem; à imagem de Deus o criou; homem e mulher os criou", do *Gênesis*; bem como no "*Não* te deitarás com varão, como *se* fosse mulher; é abominação", do *Levítico*. A imagem da Criança ("Estão doutrinando nossas crianças?!", "Como eu vou explicar para os meus filhos?!", "Existem crianças aqui!"), na direção apontada por Lee Edelman (2003),[9] é utilizada para *aterrorizar* y assassinar adultos y crianças históricas que desertam do regime político cis-heterossexual. A heterossexualidade é um mandato e o gênero é uma imposição binária. A doutrinação me parece estar mais próxima dessas práticas terroristas do que daquelas feitas pelos ativismos feministas e lgbtqia.

Aliás, é também sintomático de uma doutrinação que o desvio da heterossexualidade compulsória e do binarismo de gênero seja, dentro dessa narrativa, objeto de uma punição humana e de uma sanção divina. O imaginário cisgênero e

---

9 Sobre o uso da imagem da *Criança* como ideal regulador sexo-político do regime cis-heterossexual, ver a seção *atravessando Lee Edelman: pulsão de morte é meu cu*, do capítulo "lesviadagem e experimentação: (h)errâncias sexuais no esgoto sudaka", p. 41-49 deste volume.

heterossexual é povoado por sonhos apocalípticos, de extermínios e genocídios de pessoas desertoras sexuais e de gênero.
Como bem nos lembra Eve K. Sedwick (2008, p. 127-8), numa
passagem avassaladora, onde ela radicaliza a sua discussão
sobre a fatalidade da vida de homossexuais a partir da morte
de uma personagem (não tão) dissimuladamente gay, num
romance de Herman Melville: "Pelo menos desde a história bíblica de Sodoma e Gomorra, cenários de desejo pelo-
-mesmo-sexo parecem ter tido uma relação, ainda que não
exclusiva, privilegiada, na cultura Ocidental, com cenários
de genocídio e de homicídio". Mais à frente ela continua,
afirmando que "uma trajetória fantasiosa, utópica em seus
próprios termos, em direção ao genocídio gay tem sido endê-
mica da cultura Ocidental desde suas origens".

Mas apesar de todo o *terror* e *violência* através da qual essa
doutrinação cis-heterossexista tem sido imposta sobre nós,
corpos que desertam a cis-heterossexualidade compulsória, a
possibilidade da ex/orbitância, da fuga, da deserção sexual y de
gênero, ainda que circunscrita dentre uma infinidade de limites,
segue existindo. Fissuramos diariamente, e numa infinidade
de maneiras, o tecido *cis/het/eros/sexual* com o qual querem
nos conter e sufocar. Apesar da biologia e da natureza, apesar
das normas sociais e da lei jurídica, apesar de Jesus e da Bíblia,
apesar de Deus e da mitologia branca, casais heterossexuais e
cisgêneros (mas não só) seguem parindo crianças não confor-
mes à matriz cis-heterossexista. Agradecemos! *Amém, irmãs!*

do gordinho viado à travesti gorda:
como a raça y a gordura (des)fazem o gênero

e/u mesma vivi esse terrorismo cis-heterossexista e, não
por coincidência, de forma mais intensa por parte do meu
pai, ainda que, também não por coincidência, ele tenha sido
bastante ausente na minha vida. lembro-me de sempre ter

achado estranho, quando ia passar as férias na casa dele, a circulação de revistas pornográficas, ou de como ela era incentivada na casa. lembro-me de ter de sair com meu pai para fazer compras e no caminho ele ficar assediando e apontando mulheres – me olhando como se estivesse numa pedagogia heterossexual, me iniciando nesse campo, como se estivesse me mostrando quais são as mulheres perante as quais devemos nos atrair sexualmente e como abordá-las para "conquistá-las". lembro-me de meu pai me falando, ainda na infância, com um tom quase heroico, que quando e/u fizesse 15 anos ele iria me levar ao "puteiro" – lembro do nojo y do medo que sentia diante dessa possibilidade e de como isso assombrou os meus *sonhos*. lembro-me dos meus tios perguntando se e/u já tinha "pentelhos", num tom jocoso, mas igualmente sério, como que cobrando a entrada do meu corpo no campo cismasculino adulto, lembro-me também da minha avó perguntando das minhas "namoradinhas", como que me cobrando a heterossexualidade e uma pré-constituição familiar simbolizada no casal cis-heterossexual estável.

E se tudo isso me parecia estranho era porque nada disso me parecia interessante, digno ou desejável – o entorno também já notava esse meu estranhamento e, por sua vez, me estranhava por isso. Ao contrário, tudo aquilo me parecia entediante, infame y repulsivo! O terrorismo cis-hétero não é apenas violento, é nojento! E a normalidade e a dissimulação na forma como tudo era encarado acentuava ainda mais esses sentimentos em mim, ainda que não os compreendesse nesses termos.

e/u já estava *ex/orbitando* e não sabia. Subia nos saltos da minha mãe enquanto ela ia trabalhar e ficava desfilando pelo seu quarto. Passava seus batons, de portas trancadas, no banheiro antes dos meus tão odiados banhos. Lembro-me de ser chamada de viadinho e mariquinha por supostamente chorar muito. Lembro-me de ser repreendida porque queria tomar banho com meus amiguinhos ou por brincar de casinha debaixo de cobertores – o que fazia, obviamente, com uma certa malícia. Para uma criança, tudo isso tinha um tom, velado ou explícito, de uma cobrança muito forte, e me traziam, invariavelmente, sentimentos de culpa, vergonha, confusão e nojo – todos direcionados a m/im, ao meu cor/po e às minhas modulações de ~~ser~~. Mas de todos os interditos e repressões que sofri na infância, repressões ligadas a uma cobrança cisgênera, duas delas me marcaram profundamente.

Elas foram muito marcantes pois se tratavam de repressões – sempre na forma da *interpelação injuriosa* – que eram direcionadas não propriamente às minhas performatividades de gênero ou as minhas modulações de ~~ser~~, mas direcionadas ao meu corpo e em como nele se expressavam essas características ontossexuais desviantes. As injurias eram direcionadas à minha **bunda**. Uma bunda que, na mirada cis-heterossexual brasileira era encarada como uma bunda grande y feminina, pelo seu tamanho e pela sua morfografia, avantajada y arredondada. e/u usava os mesmos *shorts* que usavam as crianças designadas homem ao nascer. Só que em mim, esses *shorts* ficavam apertados e curtos, o que destacava a minha bunda. Os xingamentos, que têm uma origem quase imemorial, vinham: desde *viadinho*, *mariquinha*, *mulherzinha*, às associações com figuras femininas hipersexualizadas: Rita Cadilac, Carla Perez, Gretchen, além do recorrente *tanajura* e seu tom animalizante, bestializante, desumanizador. Eram interpelações de ódio dissimuladas num tom jocoso e de chacota, cujo objetivo era, por meio da humilhação, empurrar o meu cor/po e minha ~~existência~~ para o campo da feminilidade e da obesidade, com todos os estigmas e estereótipos aí contidos. Ser associado à uma mulher, pelo tom misógino das interpelações, era ser associado a algo inferior, ridículo, risível e vergonhoso. E como era algo que me constituía fisicamente, o sentimento era de que aquela situação vexatória era uma sentença, pois meu corpo não poderia mudar e, desse modo, perder essa característica que era alvo de ataques transmisóginos e gordofóbicos. e/u me sentia condenada a ser a "**bunduda**" pois e/u não poderia escapar do meu corpo. Além disso, mais velha, também pude perceber como essas interpelações ainda estavam atravessadas pelo *racismo*, pois também mobilizavam estereótipos hipersexualizantes e exotificantes do corpo preto e uma de suas supostas características físicas constitutivas fundamentais, o quadril largo e as nádegas avantajadas e arredondadas.

Os meus *seios* também eram alvo de uma repressão marcante. Lembro-me de, na escola, os meninos apertarem meus peitos e em seguida gritarem: "peitinho" ou "tetinha". Uma interpelação injuriosa, marcando, por meio também de um gesto invasivo e violento, que meu cor/po era passível de risada e digno de vergonha porque meus seios avantajados me tornavam, de um só golpe, mas através de modulações distintas, gorda e feminina. Isso me marcou profundamente, atravessou o meu cor/po e moldou, num sentido específico, o modo que e/u articulava minha ~~existência~~. Um processo que se assemelha ao que Judith Butler descreve em *Bodies That Matter* a respeito dos discursos de ódio que envolvem o corpo *queer*: "O termo *queer* tem operado como uma prática linguística, cujo objetivo tem sido envergonhar o sujeito que ela nomeia, ou, ao contrário, a produção de um sujeito *através* dessa interpelação envergonhante" (Butler, 1993, p. 226).

Essas interpelações gordofóbicas, transmisóginas e racistas fizeram com que e/u alterasse meus modos de ~~ser~~, minha performatividade e, num certo sentido, meu próprio cor/po. Alterou a minha postura corporal, que variava, ora em modos mais eretos, ora em modos mais curvados; formas de tentar disfarçar as curvas dos meus seios e bunda. Alterou as roupas que e/u usava, que passaram a ser cada vez mais largas e com cortes mais bruscos. Alterou a minha forma de me portar, e a minha condução performativa de gênero, cada vez tentando se aproximar mais da dureza que a cismasculinidade performa. Nem mesmo quando comecei a me modular de uma forma abertamente homossexual essas alterações se refizeram ou se refiguraram. Foi somente com a minha transição de gênero, longa e lenta, que se iniciou em fins de 2013, que iniciei também um processo de ressignificação do meu cor/po, especificamente dessas características atravessadas pela gordura racializada e pela feminilidade.

Constanzx Alvez Castillo (2014) no seu belíssimo livro *La cerda punk: ensayos desde un feminismo gordo, lésbiko, antikapitalista y antiespecista*, especificamente na sessão "Mis amigas travestis", discute a relação entre feminilidades e gordura de um ponto de vista bem singular e que, particularmente, me tocou muito. Nesse capítulo ela discute como o fato dela ser um corpo designado mulher ao nascer e ser gorda a empurrava, invariavelmente, para um lugar de masculinidade. E ela descobre que a *hiperfeminilização* do seu corpo era um gesto sexo-político que refazia as cartografias gordofóbicas e misóginas que visavam imobilizar seu corpo feminino no lugar fixo da masculinidade: a mulher gorda que não pode ser "tão" feminina. Castillo descreve que seu processo de feminilização gorda (*fatfemme*) se deu através de uma aliança ético-estética com bichas e travestis. "Em um certo momento da minha vida as bichas e a travestis pareciam ter interesses mais próximos dos meus. Não me sentia tão cômoda nos espaços do feminismo tradicional (e toda sua transfobia) e me aproximei das movimentações trans*. Conheci muitxs meninxs e minha identidade foi mudando... Me dei conta de que quando me feminilizava eu me sentia mais uma travesti do que uma mulher" (Castillo, 2014, p. 101).

E se corpos gordos, designados mulher ao nascer, se feminilizando, podem traçar alianças estéticas com travestis, então transfemininas gordas em feminilização também podem se aliar e se apoiar nas cisfeminilidades. e/u mesma passei a ter como referência de feminilidade, no início da minha transição, mulheres cis fortes, ainda que nem sempre gordas e pretas. Referências essas que não apenas me davam ferramentas para refazer minhas performatividades e minhas modulações existenciais, mas que me ajudaram a ressignificar e, posteriormente, trans-formar o meu corpo. A primeira parte desse processo de ressignificação foi o reencatamento alegre das partes do meu corpo que mais o situavam nas coreografias estético--políticas da gordofobia *racista* e da *trans*misoginia. "Muitas travestis gordas transformaram a gordura do seu peitoral nos seios que elas nunca deixaram de ter" (Castillo, 2014, p. 101).

Da bunda que ficava escondida nos *jeans* largos y dos seios que ficavam dissimulados nas camisas grandes, passei a ter uma bunda babado em *leggins* de oncinha e seios fartos em sutiãs de bojo. Esse processo de reconfiguração corporal/performativa me reconfigurou ontograficamente, pois a minha nova modulação física atravessou minha *exis/tência*, preenchendo-a com força e alegria. Costumo dizer que a minha transição de gênero me "curou" da gordofobia e do racismo. Nesse sentido, não fica nítido apenas o poder e a violência dos padrões de beleza e do binarismo de gênero que atravessam as políticas gordofóbicas racistas e transmisóginas, capazes de constranger um *cor/po* a ponto de precipitar seu *adoecimento* físico e onto-~~lógico~~, mas também fica nítido como processos mais amplos e profundos de reconfigurações estético-ontográficas proporcionados por leituras e práticas do feminismo gorde, feminismo negro y do transfeminismo possuem uma força de cura, possibilitando a reconfiguração da *vida* e a sua continuação por outros meios, mais alegres.

Antes de adentrar nessas reconfigurações alegres da vida trans gorde, que se dão através da criação artística, queria trazer ainda algumas discussões a respeito das violências que marcam a (minha) *cor/pa gorde trans.*

o paradoxo do corpo trans e a travesti gorda

a constituição das *cor/pas* e das ~~vidas~~ trans no contexto do binarismo de gênero (cistema) é uma experiência marcada profundamente por múltiplas contradições. Dentro dessas contradições, gostaria de falar/escrever sobre uma das que mais me chamam a atenção – aquilo que venho chamando de *paradoxo do corpo trans.* Trata-se do modo pelo qual a cisgeneridade enxerga socialmente a transgeneridade, especificamente a sua constituição físico-material, a partir de uma *ambivalência insolúvel.*

A *cor/pa* trans é atravessada pela mirada da *condenação.* Condenada espiritual e religiosamente, pois, segundo essas narrativas, sobretudo as cristãs, a transgeneridade rompe com as leis divinas do binarismo de gênero (Deus teria feito homem e mulher, e *apenas* homem e mulher). Condenada socialmente, pois, de acordo com essas narrativas, a cis--heterossexualidade seria uma das estruturas sociais que fundariam a sociabilidade, o gregarismo e a própria reprodução Humana. E por fim, condenada biologicamente, pois, de acordo com uma certa narrativa oriunda das ciências biológicas, existiriam, cromossômica e anatomicamente (xy e xx; sistema reprodutor masculino e sistema reprodutor feminino) apenas dois "sexos", macho e fêmea, e a transgeneridade, portanto, seria falsa do ponto de vista da biologia.[10]

---

10 Cabe destacar que as visões religiosas e sociologizantes do gênero, ambas expressões coloniais euro-brancas, já foram desbancadas, mas não destruídas, enquanto paradigmas desde fins do século XIX. Entretanto, a problematização da mirada biológica do conceito de "sexo" (e seus postulados) por inúmerxs pensadorxs e pesquisadorxs feministas, lésbicas, *queers* e gays, inclusive alguns oriundos

trans/bordando **87**

Em todas essas miradas de gênero, o texto que circula é a existência de apenas dois "sexos" (quando muito, dois "sexos" que possuem dois gêneros correlatos) e da transgeneridade, expressa na sua condição corpórea, como sendo a ex/orbitância *pecaminosa*, *criminosa* e *anormal* das leis divinas, sociais e biológicas.

A cor/pa trans é atravessada, por outro lado, pela mirada da *"redenção"*. Aqui, ao contrário do primeiro caso, a narrativa não circula nos discursos oficiais. A redenção da corpa trans é um *texto social subterrâneo*, *discreto y fora do meio*. A mirada aqui não é invisível, mas furtiva, fugidia, esguia, informal, secreta, inconfessável, ou, quando circula nas superfícies, é por parte de um grupo de pessoas ainda guetificado, limitado, circunscrito. Nessa mirada, a corpa trans parece ser redimida justamente pela sua composição desviante, aberrante, anormal, pois ela conteria na sua singularidade monstruosa características de "ambos os sexos" – algo que, ainda que preso, muitas vezes, numa mirada exotificante e fetichizante, é visto através de signos afirmativos. Mulheres fortes e agressivas (travestis), homens sensíveis e menos tóxicos (homens trans), mulheres de pau, homens de buceta, mulheres ativas, homens passivos e todas as possibilidades trans que se configuram entre e para além das masculinidades e feminilidades binárias. Tudo isso parece seduzir e cativar, ainda que dentro de uma atmosfera povoada pelo medo y perigo, pelo desejo y nojo, o insconsciente capenga da cis-heterossexualidade.

---

da própria biologia e da medicina, é mais recente. Dentre muitxs, destaco Anne Fausto-Sterling, com *Sexing the Body: Gender Politics and the Construction of Sexuality* (New York, Basic Books, 2000); Thomas Laqueur, *Making Sex: Body and Gender From the Greeks to Freud* (Cambridge-Mass., Harvard University Pres, 1990); Judith Butler e seu *Gender Trouble* (New York, Routledge, 1990); Donna Haraway, *Primate Visions: Gender, Race, and Nature in the World of Modern Science* (New York, Routledge, 1990); Paul B. Preciado, *Manifiesto Contrassexual* (Paris, Éditions Balland, 2000); e, de Joan Roughgarden, o belíssimo *Evolution's Rainbow: Diversity, Gender, and Sexuality in Nature and People* (Berkeley, University of California Press, 2004).

II – guerrilha ontográfica

Essas duas miradas cisgêneras da transgeneridade são distintas, possuem as suas singularidades e, mesmo assim, não deixam de ser codependentes, como dois lados distintos da mesma moeda. O caso brasileiro é paradigmático nesse sentido, pois esse território parece abrigar a justaposição dessas miradas como nenhum outro lugar no mundo. O Brasil é, ao mesmo tempo, o país que mais consome trabalho sexual trans (quer seja na pornografia de internet ou nos programas das esquinas), travesti em especial, e o país com o maior número de assassinatos de pessoas trans do mundo.[11]

Mesmo que essa "redenção" não possua força o suficiente parar erguer a ~~vida~~ *trans* ao estatuto ético de uma *vida digna*, existe nessa visão, mesmo com todas as suas contradições e limites nítidos, um germe ético. O olhar da curiosidade, do desejo, ainda que meramente sexual, pode ser um princípio, um começo. Apesar de todos os limites dessa mirada, uma relação ética, ainda que improvável, pode germinar dela.

Entretanto, quando encaramos a cor/pa trans gorda, ela se vê, muitas vezes, desprovida até mesmo dessa mirada "redentora". Tudo se passa como se a cor/pa trans gorda não tivesse a capacidade de instigar esse apelo "redentor". Sua corpa estaria, num certo sentido, presa a um estatuto de abjeção pura. Ela reuniria os estigmas, expressos na forma do ódio e do nojo, tanto da cor/pa trans quanto da cor/pa gorda, numa espécie de dinâmica que se retroalimenta. Tudo se passa como se a gordura *anulasse* o apelo "redentor" da corpa trans. E creio que um dos motivos desse processo se dar é porque a gordura é vista dentro da cisnormatividade como um elemento que *desfaz* ou que *corrompe* as performatividades de gênero binárias.

---

11   Ver "Brasil é o país em que mais se procura pornografia trans e que mais se mata pessoas trans", publicada na *Revista Fórum*, em 28.jan.2017, disponível em <https://www.revistaforum.com.br/brasil-e-o-pais-em-que-mais-se-procura-pornografia-trans-e-que-mais-se-mata-pessoas-trans/>.

Na minha infância, por exemplo, a gordura do meu corpo, especificamente a dos meus seios e bunda, atuava, na mirada cisnormativa, como um elemento de feminilização. A minha suposta cisgeneridade masculina era colocada em xeque em função da minha gordura. Em contrapartida, sinto que depois que e/u transicionei, outros elementos físico e performativos da minha gordura serviam justamente para questionar e deslegitimar a minha feminilidade. Como muitas pessoas gordas, tenho pernas grossas e roliças, o que dificulta que e/u cruze as penas de modo que elas fiquem em paralelo na vertical. A minha gordura também interfere na minha postura, de modo que nem sempre fico ereta e, mesmo quando fico, a minha postura ainda é marcada como algo que destoa. Esses dois fatores, dentro da cisnormatividade, servem como elementos para questionar a minha feminilidade, porque, segundo seus parâmetros, não cruzar as pernas e não estar com uma postura ereta "não são coisas de mulher". Aliás, num certo sentido, a minha gordura em si é vista como algo que questiona e deslegitima a minha feminilidade, porque a gordofobia é muito mais contundente no corpo das mulheres e das feminilidades em geral (sobretudo nas feminilidades cis) do que dos homens e das masculinidades, de um modo tal que a gordura não é permitida nas mulheres – vide a forma como a *pressão estética gordofóbica* (dietas, exercícios e atividades físicas, bulimia, anorexia e outros distúrbios alimentares...) atravessa violentamente essas *cor/pas*. Dentro da cisnormatividade, a relação entre feminilidades y gordofobia possui duas equações complementares: *gorda ≠ mulher* e *mulher gorda < mulher*, isto é, mulheres gordas não são mulheres e mulheres gordas são menos mulheres. Isso para uma corpa trans possui um *peso* ainda maior. Uma transfeminina já é menos feminina pela sua própria transgeneridade e quando ela é gorda, ela é duplamente *menos* feminina.

Em 2018, um *post* viralizou no *facebook*. Era uma série de fotos cujo título era algo como "você já amou uma travesti hoje?". O objetivo da campanha era sensibilizar a população em geral para a necessidade de se direcionar afetos para corpas transfemininas. Mas uma coisa me chamou a atenção. Os corpos trans do *post* eram, quase que em sua totalidade, corpos de travestis magras e, ainda por cima, travestis relativamente dentro de padrões estéticos de beleza cisnormativa. Ora viam-se travestis magérrimas, ora viam-se travestis gostosonas. Das mais anônimas até aquelas com mais visibilidade. A narrativa representacional implícita que circulava nesse *post*, dissimulada e abertamente, era que as *únicas* travestis dignas de uma política de afetos, dignas de amor, seriam as travestis magras, hiperfemininas e dentro de um padrão de beleza cisnormativo. Esse tipo de campanha não somente exclui e marginaliza corpas transfemininas gordas e fora dos padrões de feminilidade e beleza, como gera um clima de rivalidade, competição e de perda de empatia dentro de círculos trans.

Também me recordo que, numa conversa com uma amiga minha, travesti gorda, ela compartilhava uma situação que a incomodava muito, a respeito dos atravessamentos entre gordura e travestilidade. Ela dizia o quanto se incomodava com uma frase que muitas pessoas diziam pra ela: *"nossa, você parece uma tia!"*. Ela é uma travesti gorda que costuma usar roupas mais largas e confortáveis, com tecidos leves e estampados; isso, somado ao seu corpo gordo, parece empurrar a sua feminilidade para um lugar de subalternidade e marginalidade, associado ainda a um etarismo cruel. O que está subsumido nesse comentário dissimuladamente ofensivo é o *imperativo da hiperfeminilidade* para a corpa gorda transfeminina. Tudo se passa como se a corpa gorda transfeminina tivesse que compensar a sua *semi*feminilidade corpórea com uma hiperfeminilização suplementar, para dar um estatuto legítimo para sua performatividade de gênero feminina constantemente questionada y deslegitimada.

E isso nos traz um ponto importante desse debate também. O estereótipo gordofóbico reduz as diferentes formas de ~~ser~~ gorde a uma imagem fixa e monolítica, rasurando e es*face*lando as diferentes formas de ~~ser~~ gorde y os diferentes modos com que a gordofobia atravessa os corpos *gor/des*. Existem gordes que vão do tamanho 45 ao 50 e gordes que vão do 60 pra cima. Gordes G e gordes XXL. E, nesse sentido, é preciso também diferenciar a *gordofobia* da *lipofobia*. Lipofobia seria a aversão à gordura em si, na forma, por exemplo, do ódio à celulite, aos "pneuzinhos" e à chamada gordura localizada – processo que, inclusive, pessoas magras e magérrimas estão sujeitas –, ao passo que a gordofobia seria a aversão ao corpo gordo em si. A gordofobia vai desde manifestações de pressão estética e discriminações sociais até formas mais severas como marginalização e exclusão sociais sistêmicas: não passar numa catraca de ônibus, não conseguir sentar numa poltrona de avião, ser excluído dos circuitos sexo-afetivos etc. Uma gorda *chubby* ou *pinup* vivencia a gordura diferentemente do que uma *bbw* ou alguém com diagnóstico necropolítico de obesidade mórbida. Nesse sentido, a gordofobia está atrelada a circuitos de poder mais amplos (biopoder, necropoder) levando ~~gordes~~ não somente a quadros de adoecimento psíquico e esgotamento existencial, mas também à própria morte.

obelezas trans: Miro Spinelli e Jota Mombaça

mas ~~ser~~ *gor/de* não é apenas ser atrevessado pelas bionecropolíticas gordofóbicas, por poderes que desfazem cor/pos e onto/~~logias~~. *ser gor/de* pode ser também a a/*firmação* de uma singularidade monstra, ainda que atravessada pela precariedade e por limites, como qualquer afirmação, aliás, e a *ressignificação* desse corpo num lugar outro, inscrito por afetos alegres, para além do que se entende a torto e a direito por "empoderamento" ou "positividade corporal" (*bodypositive*). Quero trazer aqui, para finalizar, o trabalho artístico de duas pessoas trans gordas que caminham, cada uma a seu modo – e ainda que atravessadas também pela dor e violência gordofóbica –, nessa direção afirmativa.

Em setembro de 2015 ocorreu o *II Seminário Internacional Desfazendo Gênero*, na UFBA, em Salvador. Dentro de um dos muitos Grupos de Trabalhos (GT), Miro Spinelli preparou uma performance que ele já vinha apresentando, naquela ocasião, intitulada *Gordura Trans #3* (Imagem 1). Estávamos numa sala da UFBA e quando acabaram as discussões daquele dia, nos dirigimos para o pátio, descendo as escadas em meio a conversas, risadas, abraços e silêncios. O tom era ao mesmo tempo sereno e radiante, tenso e relaxado. Ao chegar ao pátio, encontramos algumas pessoas que já estavam lá, e cada vez chegava mais gente, vinda de outros lugares do *campus* para a ação. Spinelli se aproximou, direcionando-se para um canto mais afastado do pátio. Ele trazia várias garrafas pet cheias de um líquido alaranjado espesso que parecia muito familiar. Já nu, ele começou a abrir as garrafas e a despejar o líquido em seu corpo, começando pela cabeça. Assim que ele abriu a primeira garrafa, o cheiro inconfundível tomou conta do ambiente. Não existiam mais dúvidas, caso alguém ainda tivesse: era azeite de dendê. Ele abriu uma garrafa e começou a derramar sobre o seu corpo. O líquido escorreu pelos cabelos, desceu pelo rosto e depois pelo peito y pelas costas. O líquido também escorreu por seus olhos, dando a quase todes uma sensação forte de agonia. Ele parecia desconfortável, ao passo que as coisas também pareciam fazer parte de seus cálculos. Com um intervalo de tempo relativamente grande, ele calmamente passou a mão nas suas pálpebras para tirar o excesso de azeite, e prosseguiu o derramamento. Muitas pessoas se incomodaram com o cheiro: algumas tampavam o nariz, outras punham a mão na boca, enquanto outras ainda aparentavam estar passando mal (náusea e enjoo) e umas tantas já começavam a sair do espaço. Calmamente, Spinelli foi derramando o líquido sobre todo seu corpo e espalhando-o com as mãos, como se estivesse se ensaboando suavemente num banho, dando a sensação também de estar se acariciando, num gesto de autocuidado. Nesse instante de intimidade, num momento em que parecia que presenciávamos Spinelli num momento consigo mesmo, como se estivesse sozinho, e/ou atravessado por uma sensação de conforto y calmaria, uma serenidade existencial me invadiu através dos afetos alegres que pareciam emanar de seus gestos, de sua gordura trans. Num determinado momento, ele cobriu todo o seu corpo com o azeite de dendê e, ainda assim, seguiu derramando mais garrafas e espalhando mais azeite no seu corpo, de forma que começou a se formar em volta dele uma poça de azeite, deixando o cheiro ainda mais intenso. Isso pareceu me lançar numa cena de *cosmogonia e genética transgorde*. Spinelli, totalmente coberto pelo líquido, me remetia a um filhote de animal recém-nascido, ainda coberto pela *restança* de sua placenta y líquido amniótico. Parecíamos estar testemunhando um *parto monstro* de Spinelli. Era como se,

Imagem 1: *Gordura Trans #3* – foto: Andrea Magnoni – Fonte: <https://www.mirospinelli.com/gordura-trans-trans-fat>.

II – guerrilha ontográfica   94

através de *Gordura Trans #3*, isto é, através de seu corpo gorde e transmasculino em comunhão com o azeite de dendê, Spinelli estivesse *parindo a s/i mesmo*. Spinelli parecia, aí, tornar-se cria da sua própria criação, já que era através do parto de sua criação artística que ele paria a s/i mesmo enquanto criação artística. Nesse sentido, *Gordura Trans #3*, é, de fato, uma *cria*-ção artística,[12] porque este parecia ser o momento em que Spinelli criava algo que não era meramente um objeto estético, mas gestava e paria *forças vitais*.

Em contrapartida, toda a simbologia ancestral preta que envolve o azeite de dendê dava um tom espiritual bem forte à ação. Muitas pessoas se emocionaram. Sintomaticamente, me lembro de não ter muitas pessoas *gor/das* na ação, mas as que estavam presente, com as pessoas pretas e pessoas de axé, estavam particularmente atravessadas por uma alegria y força contagiantes. Choros y abraços emocionados se seguiram ao término da ação. Nesse sentido, outro aspecto afirmativo y alegre da performance foi esse *ajuntamento* que se criou ali, entre pessoas gordas e trans e pretas. A performance criou uma atmosfera de sensibilidade, de modo que as pessoas, em particular as gordas, foram tomadas por sentimentos de *afirmação de vida*. Além do parto, havia uma sensação ali de que Spinelli estava se banhando, se lavando, se limpando. Ele parecia estar se curando das violências gordofóbicas e transfóbicas que atravessam seu *cor/po* trans gorde, utilizando os elementos através dos quais o seu corpo mesmo é comumente atacado (a gordura do seu corpo que se mistura com a gordura do azeite de dendê), ressignificando-os de uma forma afirmativa.

---

12   Remeto aqui à discussão sobre a criação artística em Nietzsche e sua relação com a chamada *teoria queer* e com aquilo que chamei provisoriamente de *arte cuir sudaka*, no capítulo "tragicus trópicus: contribuições para uma arte cuir sudaka", especificamente na sessão a *força da criação: monstruosidade, tragaydia y fracasso na arte cuir sudaka*, p. 28-33 deste volume.

Além disso, a performance me trouxe dois outros pontos importantes para serem discutidos no contexto da transgeneridade gorda. O primeiro deles é a forma como essa performance nos chama atenção para os modos com que as políticas de (in)visibilidade incidem sobre e *cor/pe gorde*. E corpe gorde é ao mesmo tempo alvo de uma **hipervisibilização**, através de um olhar que parece querer destacar suas características socialmente lidas como abjetas (gorduras, curvas, dobras, pelancas, celulites, estrias, suor, o ato de comer, a forma de andar, a forma de habitar a esfera pública etc.) e de uma *invisibilização* dos afetos alegres y da força que envolvem esse corpe. A nudez não é permitida para corpes gordes, a não ser sob a forma do *escárnio* ou do *fetiche*. Nessa ação, Spinelli *trans/gride* o interdito da nudez para corpes gordes, o imperativo da invisibilidade para a *nudez gorda afirmativa*. E, **através** da leveza com que ele se relaciona com seu corpo nu e conduz a ação, ele *des-loca* os estereótipos gordofóbicos que se recusam a enxergar que pessoas gordas podem amar seus corpos y que corpos gordes possuem valor estético y onto-~~lógico~~. A beleza da ação consiste na forma arrebatadora com que ele afirma a linda *monstruosidade* de seu corpo transgordo.

E a monstruosidade é o que nos leva ao próximo ponto. A forma como Spinelli *joga* com os elementos sociais da abjeção gordofóbica e transfóbica é de uma sagacidade enorme. Ele traz para o campo da visibilidade os elementos que a gordofobia e a transfobia tentam soterrar sob a forma do medo e da vergonha. Ele está ali, com seu corpo nu, seu corpo trans e gordo nu, seu corpo com celulites e estrias, com pelancas e dobras, seu corpo grande, excessivo, transbordante, com seus peitos transmasculinos peludos, com seu corpo trans gordo coberto dos pés à cabeça com azeite de dendê. Spinelli torce, assim, a significação desses elementos abjetificados para revalorizá-los a partir de um lugar afirmativo y alegre, transformando a monstruosidade da gordura trans em *cria-ção artística*. A repercussão de sua ação é também sintomática da contundência dessa torção estético-semiológica da gordura trans que Spinelli faz. A partir de uma matéria sensacionalista e descontextualizada, a performance foi viralizada na internet por meio de *memes* transfóbicos e gordofóbicos. Esses memes parecem ser movidos por um *pathos* de ódio direcionado à gordura trans. Eles trazem consigo a narrativa de que o corpo gorde trans não pode ser uma plataforma de criação artística e, com isso, produzir valores estéticos afirmativos. Ao contrário, na tentativa de congelar esse corpo na coreografia estática da gordofobia transfóbica, os memes tentam reinscrever, mediante uma violência que se dissimula no humor escarnioso, o corpo trans gorde no lugar da chacota, como se fosse um objeto que somente pudesse produzir o ridículo e o risível. Rimos desse texto de volta, não somente quando reconhecemos – e *e/u*, em primeiro lugar, por *sentir*, ali, junto dele e de outres – a força e a beleza artística de *Gordura Trans #3*, mas quando reconhecemos a sagacidade (artística) com que ele se *re-apropriou* desses textos transgordofóbicos que circulavam nos *memes*, incorporando-os de uma forma brilhante na sua série *Gordura Trans*. Ali, Spinelli mostrava o quão ridícula e risível é a própria *transgordofobia*, ainda que permaneça, em sua essência, sendo uma lógica violenta de subjugação de corpos e existências.

Passo agora para um diálogo com a obra de Jota Mombaça. Quero tratar de uma ação específica de Mombaça e trazer algumas questões que ela trouxe em mim. Trata-se da ação, ou melhor, de um registro da ação intitulada *Soterramento (Burial)*, que aconteceu no dia 3 de outubro de 2015, no contexto do *TRANSEUROPA Festival*.[13]

---

13 Disponível em: <https://www.youtube.com/watch?v=liYO-LERErA>.

O vídeo começa com Jota Mombaça e mais um grupo de pessoas num lugar aberto, semelhante a um canteiro de obras, repleto de pilhas de cimento e destroços. O grupo, com pás, começa a quebrar as pilhas em pedaços menores e coletar os pedaços. Em seguida, Mombaça aparece deitada, de olhos fechados, usando apenas um *shorts* e sapatos de construção

Imagem 2 – *Soterramentos* – Captura minha do vídeo

civil, começando a ser coberta com os destroços. As pessoas vão aos poucos, delicadamente, cobrindo sua corpa com os restos de cimento e ruína, *pá por pá*. Em seguida, vemos um homem cis branco, no centro da imagem, lendo um texto – notícias de episódios recentes em que o Estado brasileiro protagoniza violências coloniais (em termos de moradia) contra populações pobres y racializadas: um despejo de mais de 100 pessoas no Rio de Janeiro em função da construção de um complexo industrial na região; um grupo paramilitar que incendiou uma aldeia Guarani no interior do Rio Grande do Sul...

A corpa de Mombaça, a corpa de uma bixa-gorda-nordestina-não-binária-preta-de-pele-clara é soterrada por escombros enquanto uma pessoa lê notícias de pessoas pretas, indígenas e pobres sendo alvo de despejos coloniais violentos. Nesse momento, problematizando as narrativas da representação, Mombaça parece criar, através da sua corpa, uma aliança ético-política de sua gordura transfeminina racializada – que é soterrada diariamente por distintos estratos da violência colonial – com e cor/pe de pessoas pobres e racializadas, que são atravessadas, de outra forma, por essa mesma violência. Parece haver um ponto de contato que faz tocar essas violências coloniais de naturezas e intensidades diferentes. A ação, que se utiliza da violência através da cena do soterramento de Mombaça, não apenas chama atenção para as múltiplas violências que seu corpo sofre, mas, respeitando as diferenças, parece denunciar que outras formas de violências coloniais, aparentemente mais distantes, estão mais próximas, conectadas, do que seus regimes de (in)visibilidade deixam ver. Os diferentes modos de ~~ser~~ des/feito por diferentes estratos da violência colonial podem, por fim, dar espaço a processos e feituras subcomunitárias. subcomunidades que, por maior que sejam suas distâncias y diferenças, assim como os quilombos, funcionam como um espaço estratégico na guerra (refúgio, acampamento, barricada etc.), mas também como um espaço de construção comunitária da vida, em outros termos que não o da ordem colonial. Em outras palavras, *Soterramentos* torce o significado y a materialidade da violência e, a partir daí, nos faz re-imaginar a corpa da bichatrans-gorda-preta como um assentamento de luta y afirmação anticolonial, mas também nos faz ver que as cenas de destruição coloniais estão muito mais perto do que se supõe.

Além da violência, Jota Mombaça faz outra torção semio-~~lógica~~ nessa performance. *Soterramentos* não indica somente a ação de ser soterrada, como num desabamento, por exemplo, mas também, e de forma mais profunda e sombria, indica o ato de ser *enterrado*, velado, como num funeral, como a palavra escolhida para a tradução em inglês (*Burial*) parece indicar mais diretamente. Nesse sentido, a performance parece apontar para a dimensão *necropolítica* inscrita nas violências coloniais de Estado que atravessam as pessoas pretas e racializadas, as comunidades indígenas e as populações periféricas, e que atravessam a própria corpa de Mombaça. Ela parece estar chamando atenção para a *morte* em si, a morte como produto inseparável da violência colonial de Estado, do racismo, do desenvolvimentismo, do capitalismo, mas também da transfobia e da gordofobia. Os barulhos da violência colonial de Estado que enterrou e enterra (sepulta) diariamente populações racializadas e periféricas reverberam na sua corpa sendo enterrada (sepultada). Mas aqui também esse gesto não deve ser visto como a reprodução ou atualização das coreografias da violência y da dor. Porque se Mombaça se enterra, sepultando-se com os destroços da violência colonial, é para, no fim, *desenterrar-se, dessepultar-se*. Mombaça começa a tirar os destroços de cima da sua barriga, levanta o seu torço e se senta. Terminando de tirar os destroços da sua perna, ela ergue-se de pé, finalmente. Esse gesto inscreve, assim, mais a *ressurreição vitalista* dos corpos monstruosos marcados pela violência colonial do que a sua morte. Ele é mais signo da vida que se levanta frente ao risco mortal de violências cistêmicas do que a morte que a faz desmoronar. Esse gesto me lança de imediato à cena da ancestralidade preta envolta na figura de Zumbi dos Palmares, como signo dessa vida preta monstruosa que renasce, que insiste em renascer, que não sucumbe à morte. Mais uma vez a corpa gorda trans e preta de Mombaça, através dessa performance (entendida para além da dimensão artística no sentido corrente), agencia guerrilha e subcomunidade, remetendo novamente aos quilombos: corpo-quilombo. *Soterramentos* poderia também, num certo sentido, ser chamada *Ressurreições*.

Imagem 3: *Soterramentos* – Captura minha do vídeo

No fim, o que ambas as performances nos mostram, de modos distintos, é que a ressignificação y refeitura ético-onto-~~lógica~~ de violências coloniais avassaladoras, é sempre possível – sobretudo quando ela parece ou é, de fato, impossível. Violências que desfazem cor/pos e soterram *vidas* podem ser ressignificadas em gestos misteriosos y fortes quem podem, no fim y dentro de certos limites, refazer essa cena mesma em outras possibilidades. E o cor/po, alvo imediato e primeiro da violência colonial, torna-se o amuleto político-espiritual com o qual se enfrenta, precária y limitadamente, essa mesma violência. Com Miro Spinelli vimos como a gordura trans(masculina), associada, no imaginário transfóbico e gordofóbico, ao patológico e ao abjeto, pode dar lugar a processos de cura e produzir efeitos estéticos dos mais belos, no seu sentido mais pleno e sublime. Com Jota Mombaça, vimos como a corpa da bichatrans-preta--gorda pode funcionar como um amuleto político-espiriritual que permite não só denunciar y vibilizar violências coloniais aparentemente distantes, mas atravessar a violência colonial y, aí mesmo, re-imaginar outros ajuntamentos subcomunitários anticoloniais. Na rearticulação performativa dessas violências, quer seja com Spinelli se inundando em gordura pra celebrar, no banho, o nascimento da sua gordura trans, quer seja com Mombaça se soterrando pra denunciar a violência colonial através da corpa da bichatrans-preta-gorda que levanta em ressurreição, é a força da vida gorda que teima em vingar, que se afirma (diferentemente) nessas cenas.

"...surgindo no submundo... surgindo na boca do lixo... pra se defender": lbtqia's refundando parentescos[14]

nos dia 11 de outubro de 2018, ocorreu a mesa "Des/re/organizações afetivas" na trigésima terceira Bienal de São Paulo, com a participação de Elvis Justino da Família Stronger, do antropólogo e ativista lgbtqia Vitor Grunvald e do cineasta Paulo Mendel – que, juntos, estavam produzindo um documentário sobre a Família Stronger. A mesa se estruturou a partir da fala de Elvis Justino, com intervenções dos outros dois participantes. O tema principal do encontro era a Família Stronger, mas a conversa se desdobrou em temas muito mais abrangentes, em vista principalmente do contexto de avanço aberto do colonialismo, sob a forma do conservadorismo e do fascismo à brasileira.

As famílias lgbtqia's no Brasil remontam ao fim dos anos 1970. O objetivo principal dessas famílias é acolher e proteger pessoas lgbtqia's da violência lgbtqiafóbica, quer seja na rua, com ameaças, coações, espancamentos ou mesmo assassinatos, quer dentro de casa, com familiares intolerantes que agridem, expulsam ou mesmo matam seus filhos. Uma das primeiras famílias que se tem notícia, criada pela travesti Brenda Lee, em São Paulo, surgiu com o intuito de acolher lgbtqia's soropositivas que, nos anos 1970 e 80, sofriam ainda mais violentamente com o estigma do HIV.

---

14 Texto apresentado como registro da mesa "Des/re/organizações afetivas" ocorrida na *33ª Bienal de São Paulo*, em 11.set.2018. O título é uma citação extraída da fala de Elvis Justino, da Família Stronger.

Brenda, como recorda Elvis Justino, entrava em contato com essas pessoas e as levava para sua casa, cumprindo uma função sócio-política e afetiva que nem o Estado e nem a família de cada um se dispunham.

O papel de proteção das famílias lgbtqia's é muito marcante e entrou em cena durante vários momentos da mesa. Quando algum filho ou filha da família é ameaçado ou atacado, o pai ou a mãe se articulam de modo a iniciar um processo de proteção e de justiça, não abrindo mão da violência física, caso seja necessário. A família da travesti Cris Negão, por exemplo, é reconhecida até hoje por sua capacidade de proteger seus filhos e pela fúria e paixão com que Cris os protegiam. Uma família lgbtqia é reconhecida y socialmente prestigiada dentro da comunidade pela capacidade que ela tem de se proteger da violência.

As famílias lgbtqia's, na sua organização e estrutura, deslocam o conceito e a materialidade da família. Como já se percebe, as famílias llgbtqia's não se organizam a partir da consanguinidade e do parentesco, mas a partir de laços político-afetivos. As suas configurações também são múltiplas e diversas. As famílias podem ter dezenas ou mesmo centenas de membros, como o caso da Família Stronger, que possui atualmente 250 membros. Elas podem estar centralizadas geograficamente em casas, apartamentos e repúblicas, ou estar disseminadas por toda a cidade. As famílias se organizam nos papéis de pais, mães, tio, tia e filhes. Entretanto esses papéis não se reduzem de maneira nenhuma à família nuclear euro-branca (pai, mãe, filhos). Até porque o membro com mais prestígio e que desempenha as funções mais importantes na família, é a mãe, e não o pai. Pai e mãe também não precisam constituir uma relação sexo-afetiva para desempenhar os seus papeis. As famílias podem ter somente 1 pai ou 1 mãe, e filhes. O pai não precisa necessariamente ser uma figura masculina (cis ou trans), o mesmo vale para a mãe. Algumas famílias possuem filhes que desempenham também a função de pai ou mãe.

No país que mais mata lgbtqia's do mundo, ter uma família que te defende e te protege é uma questão de vida ou morte; num país onde lgbtqia's são expulsos de casa pela própria família de sangue, ter uma outra família que te acolhe e te dá um lar é dar as condições básicas de sobrevivência; num país onde pessoas lgbtqia's são privadas ou marginalizadas no campo sexual e afetivo, ter uma família com quem você pode trocar confidências e ter conversas sobre o que te angustia ou que te gera paixões, ter uma família que te dê segurança para demonstrar afeto e carinho com seu/sua parceiro/a em espaços públicos, ter uma família que te aceita do jeito que você é, na monstruosidade e na beleza da sua singularidade irredutível, é dar as condições para uma vida vivível e uma saúde mental e afetiva básica. As famílias lgbtqia's não são importantes somente porque dão as condições mínimas para a existência dessa comunidade marginalizada, mas porque, ao deslocar conceitualmente e na prática a família, abrem um novo horizonte político de organização da vida social humana por fora das normas e dos paradigmas cis-heterocentrados. Não somente as pessoas lgbtqia's têm muito a aprender sobre afetividade, acolhimento, proteção, companheirismo, lealdade, trocas, aceitação, diferença, multiplicidade, amor, mas, sobretudo, as pessoas cisgêneras e heterossexuais, cuja forma de organização parental, afetiva e social, na maior parte das vezes, é a antítese de tudo isso. Repensar e recriar nossos laços afetivos e nosso gregarismo: é essa reflexão que Elvis, Vítor e Paulo, nessa mesa importantíssima, nos colocaram.

fraturando a linguagem do corpo: gênero, colonialidade e ferida linguística[15]

"como um tapa na cara":
a dimensão somática da ferida linguística

alguns "problemas de tradução" que aparecem para uma possível publicação de *Excitable Speach* de Judith Butler (1997) em português podem funcionar como uma boa introdução aos principais temas desse livro. *Discursos Excitáveis, uma política do performativo* seria a tradução literal. Talvez *Discursos Excitados* fosse mais adequado, por alcançar melhor o núcleo do seu tema, já que "excitado" passa a ideia de um discurso inflamado – apesar de, assim, perder a generalidade de "excitáveis" e de ficar preso no seu sentido mais comum (excitação meramente sexual). *Discursos Exaltados* talvez fosse a melhor tradução, no sentido de uma adaptação ao português, mas, além de perder as vantagens das palavras anteriores, ainda desvia da raiz etimológica. A *excitabilidade* a que Butler se refere diz respeito a sua dimensão mais geral, derivando, ainda que não explicitamente, do conceito freudiano de *excitação*, isto é, a agitação molecular básica da vida orgânica y agitação de um fluxo desejante (que almeja a sua atualização). Assim, Butler parece preocupada em mapear a dimensão do discurso que excede a linguagem, a dimensão da palavra que não é mais a mera racionalidade linguística, a contaminação da *palavra* pelo *pathos* e os efeitos concretos

---

15 Texto apresentado no *I Seminário Leituras de Judith Butler*, no IFESP, 23.jun.2018. A introdução foi suprimida.

disso para além da linguagem. Nesse sentido, a linguagem ou discurso excitado não comunica apenas um signo ou uma significação, mas, antes de mais nada, um *pathos*, um *afeto*, uma *força*, produzindo aí *efeitos performativos*. "As preocupações fundamentais de *Discursos Excitados* são ao mesmo tempo retóricas e políticas. Na lei, os enunciados que se excitam são aqueles levados a cabo sob coação, normalmente se tratam de confissões que não podem ser utilizadas num tribunal porque não refletem o equilíbrio mental de quem as pronuncia. Minha hipótese é de que o discurso está sempre, de alguma forma, fora de controle" (Butler, 2009, p. 36). Desse modo, apesar de Butler focar em casos onde a excitação discursiva é bem nítida, ela pretende mostrar a partir daí que outras infinitas formas de discurso que se passam como meramente discursivas são – dissimulada, acidental ou fracassadamente – excitadas.

Para levar a cabo esse projeto, Butler se foca na excitabilidade dos discursos de ódio. "O que o discurso de ódio faz é constituir o sujeito numa posição subordinada" (Butler, 1997, p. 18). Desse modo, Butler não chama atenção apenas para o fato do discurso de ódio subordinar o sujeito, mas de *constituí-lo* por meio dessa subordinação mesma. Nesse sentido, a dimensão performativa da excitação no discurso de ódio consiste em criar, através da interpelação subordinadora, o sujeito que ele interpela (linguisticamente). "Se o discurso de ódio atua de uma forma ilocucionária, ferindo no e através do momento discursivo, e constituindo o sujeito através dessa ferida, então, o discurso de ódio exerce uma função interpeladora" (Butler, 1997, p. 24). Butler usa o termo "ferida" para se referir ao dano causado pelo discurso de ódio, mas isso não deve nos levar à interpretação de que ela faz uso de uma mera metáfora corpórea para se referir a um fenômeno linguístico – é preciso farejar aí algo mais profundo: a sugestão de como o efeito performativo do discurso de ódio estabelece, através da dor e da ferida, ralações íntimas entre corpo y linguagem.

Assim, a ferida linguística não seria meramente linguística. O discurso de ódio, através da palavra, acaba por penetrar o *cor/po* e fraturar sua estrutura material. Tomemos um dos casos analisados por Butler: o caso de R.A.V. *vs* Saint Paul. Trata-se do caso em que um jovem supremacista branco da cidade de Saint Paul em Minnesota colocou uma cruz em chamas no jardim de uma família negra, em meados dos anos 1990. A família negra, indignada com o ocorrido, entrou com uma ação legal contra o jovem. Numa primeira instância, seguindo os argumentos da defesa, o tribunal decidiu que a ação não havia sido violenta por não ter causado nenhum dano físico à família. Butler aí faz uma problematização contundente a respeito da violência do discurso jurídico, que pode dizer o que conta ou não como discurso de ódio e violência. "Segundo uma leitura retórica desta decisão [...] poderíamos entender que o tribunal afirma seu poder linguístico autorizado pelo Estado para determinar o que deve ou não ser considerado como 'linguagem' e nesse processo leva a cabo uma forma potencialmente ofensiva de linguagem jurídica [...E,] por último, sugeriria que a linguagem do tribunal carrega consigo sua própria violência, e que a mesma instituição que é investida da autoridade de julgar o problema do discurso de ódio põe esse mesmo ódio de novo em circulação e o devolve por meio da sua própria linguagem; a rigor, utilizando a mesma linguagem que pretende julgar" (Butler, 2009, p. 94-5). A linguagem do tribunal é violenta justamente por não perceber ou reconhecer a violência inscrita nesse ato.

O tribunal parece "esquecer" que queimar cruzes é uma convenção racista da Ku Klux Klan, que promete e pressagia uma violência futura que espera por sua atualização: a cruz em chamas marca, dentro desses códigos racistas, a casa de pessoas pretas que deve ser atacada (incendiada) num futuro próximo. Desse modo, a ação não só traz uma violência linguística em si, com seus efeitos somáticos, como também pressagia e promete uma violência material futura ainda maior, cujo caso extremo é a própria morte, levada a cabo pelo assassinato racista.

Além disso, o ato é violento também por marcar uma *iterabilidade* racista gritante. A partir de Jacques Derrida,[16] Butler entende a *iteração* como um conjunto de práticas discursivas ritualizadas que se produz através da citação e repetição discursiva. Segundo Butler, "a ação faz eco de ações anteriores, acumulando força de autoridade por meio da repetição ou da citação de um conjunto de práticas autoritárias anteriores [...] O falante que enuncia o insulto racista então, cita o insulto, e constrói aí uma comunidade linguística com a história dos outros falantes" (Butler, 1997, p. 52).

Assim, o jovem branco não estava apenas queimando uma cruz, mas ao fazê-lo, entrava numa cadeia citacional histórica, composta por racistas do passado – que já queimaram cruzes e perpetraram violências racistas – e por racistas do futuro – que o farão. É nesse sentido que isolar a ação de queimar cruzes de sua iterabilidade racista é algo violento (racista). Assim, Butler conclui a respeito da violência jurídica no ato de isolar o ato do contexto histórico da KKK que: "Esta analogia sugere que a ordenança em si mesma é um tipo de cruz em chamas" (Butler, 1997, p. 55). Desse modo, a defesa argumenta que a ação do jovem opera uma violência racista por reproduzir a linguagem de ódio da convenção da KKK. A violência aí é dupla: primeiramente temos os efeitos somáticos de ter sua casa atacada por racistas, e

---

16 A respeito da análise de Derrida sobre a *iterabilidade*, sobre os *atos de fala* e sobre a *teoria da performatividade*, leiam o texto, "assinatura acontecimento contexto", em Derrida, 1991, p. 349-373.

segundo, a angústia de saber que existe uma ameaça, uma promessa, de uma agressão e violência futura ainda maior. Minto, ela é tripla: em terceiro temos a violência de Estado, que se recusa a ver que seu lar foi atacado por racistas que prometem um ataque futuro ainda maior – recusando-se, assim, a reconhecer a própria violência.

um trauma chamado mundo: colonialidade, gênero e ferida linguística

proponho agora, a fim de levar esse debate para além de Butler, uma leitura de *O mundo é meu trauma*, de Jota Mombaça (escrito em 2017).[17] Esse movimento é motivado não só pela força vibracional anticolonial desse texto que excede a textualidade em sentido comum, mas pela minha *necessidade*, cada vez mais inquieta y incontrolável, de ex/orbitar a branquitude colonial – mesmo quando ela se supõe subversiva – em todas as esferas, sobretudo, aqui, em termos de arquivo. Ainda assim, vou tentar articular alguns pontos em comum que se abrem entre as reflexões de Butler y o texto de Mombaça.

O mundo é um texto curto e denso que mistura autobiografia, ensaio, crítica e poesia. Mombaça começa mencionando uma dificuldade de escrever, já através da escrita, os afetos que atravessam seu corpo durante uma cena (episódica, mas também inscrita num *continuum* geo-histórico) de violência colonial, descrita posteriormente. Ela parece querer rasgar o

Primeira Nota. Preciso não escrever um manual de ética, mas rasgar todas as recomendações que me impedem de aderir à linguagem do meu desespero. Não é que este afeto rarefeito possa indicar a quem quer que seja a saída de algo, mas não é ao acaso que ele me toma e encontra em mim os buracos e flechas que atravessam

---

17   Utilizo aqui a versão desse texto contida no livro de Jota Mombaça, *Não vão nos matar agora* (Lisboa, Galerias municipais/EGEAC, 2019).

manual porque, como um instrumento colonial, a linguagem não dá conta da tradução linguística desses afetos rarefeitos que tomam seu corpo ao ser atravessada por essa violência. Retomo Butler num ponto importante do texto, onde ela discute os limites da linguagem no contexto da tortura."Uma das consequências daninhas da tortura, segundo ela, é que o torturado perde a capacidade de documentar no discurso o evento da tortura: portanto, um dos efeitos da tortura é a eliminação de seu próprio testemunho" (Butler, 2009, p. 23). Tendo em vista que o texto de Mombaça é uma tentativa precária de narrar os afetos rarefeitos que emergem quando sua carne sofre uma violência colonial em solo europeu, abrindo aí uma certa conexão com o processo descrito por Butler, podemos entender, então, que a sua dificuldade em documentar esse processo se dá porque a violência colonial funciona como um tipo de tortura, produzindo efeitos somato-linguísticos correlatos. Sofrer uma violência colonial, portanto, é ser torturade y, aí, ter a sua capacidade de traduzir essa violência sofrida em termos linguísticos danificada. Não por menos é o *terror*, a guerra e o apocalipse que são movimentados por Mombaça para descrever a paisagem colonial. "Segunda Nota. Àquelas de nós cuja existência social é matizada pelo terror; àquelas de nós para quem a paz nunca foi uma opção; àquelas de nós que fomos feitas entre apocalipses, filhas do fim do mundo, herdeiras malditas de uma guerra forjada contra e à revelia de nós" (Mombaça, 2019, p. 21).

Nesse sentido, o texto de Mombaça seria a tentativa de des-locar, em outras possibilidades existenciais que mal podem ser expressas na linguagem da colonia, esse

> minha carne, esta carne política feita de especulação e memória, de força e matéria. Preciso não escrever sobre como atravessar um processo perante o qual me sinto perdida. Preciso não escrever sobre o que fazer quando estou paralisada.
> – Mombaça (2019, p. 21).

efeito performativo da tortura colonial – contraditoriamente, "esquecendo" a dor da ferida e dando o testemunho do trauma. Ao, finalmente, conseguir colocar no papel ou na tela, ainda que de forma precária, o testemunho do trauma, ela expropria o colonialismo de um de seus dispositivos de assujeitamento: a impossibilidade de testemunhar o trauma por parte de quem sofre a tortura. E aí mesmo, parece instaurar-se um processo precário y limitado de *cura*, que é também um outro nome para a luta anticolonial. Escrever o texto, ainda que nos limites de uma linguagem precária, é um gesto que, de uma só vez, atua na cicatrização das feridas coloniais y expropria do poder colonial, sua capacidade de impedir o acesso à linguagem por parte de quem sofre o trauma. *O mundo é meu trauma* anuncia uma declaração de guerra y inscreve uma cicatrização.

Como vimos antes, Mombaça direciona sua dificuldade de narrar esses afetos rarefeitos à própria linguagem colonial, que está sempre comprometida com a sujeição de corpos ditos colonizados. "EU QUIS QUEIMAR A LÍNGUA QUE ME HAVIA SIDO ENSINADA. ESSA LÍNGUA NA QUAL TODA PALAVRA ESTÁ MANCOMUNADA COM A REPRODUÇÃO DE NOSSA ININTELIGIBILIDADE. SOMOS SIMULTANEAMENTE TORNADAS INCÓGNITAS E LEVADAS A LUTAR PELA LINGUAGEM" (Mombaça, 2019, p. 22). Entretanto, é através dessa linguagem mesma que Mombaça violentamente (como a caixa alta, mas não só, parece sugerir) denuncia a violência colonial. Esse posicionamento erguido de Jota abre uma zona-de-vizinhança com o que Butler escreve a respeito do trauma na linguagem: "Não existe uma linguagem purificada de seus resíduos traumáticos, de modo que não há uma maneira de superar o trauma que não seja através de um árduo esforço para direcionar o caminho da sua repetição" (Butler, 2009, p. 69). Nesse sentido, em ambos os casos, mas diferentemente, não há uma abordagem idealista e metafísica em relação ao trauma linguístico; entretanto, Mombaça parece desprender-se com mais facilidade de um certo "realismo" expresso nesse ceticismo, ao sugerir em inúmeros trabalhos seus, que a fuga (rumo à uma exterioridade) acontece justamente porque ela é impossível. Parte do seu trabalho, aliás, sobretudo suas performances, articulam já uma linguagem (que não é mais fonético-alfabética) alheia ao regime dos signos coloniais.

Em contrapartida, a cura, como uma preocupação ainda que subterrânea do texto, aparece nos lugares e através dos motivos mais inesperados. Em certa altura do texto, Mombaça narra a cena de interpelação em que, na condição precária de imigrante em Portugal, é acossada por uma senhora branca racista que, refundando um pacto colonial, ainda chama a polícia. Mas aí mesmo, no meio dessa cena, ainda que em outro lugar y momento, Mombaça toma a palavra colonial, torcendo-a, como que lançando de volta, através dessa mesma linguagem, um feitiço ou uma praga: "SR. POLICIAL, EU SOU MAIOR DO QUE VOCÊ. EU SOU MAIOR DO QUE TODAS AS SENHORINHAS LUSITANAS QUE APRENDERAM A LER MEU CORPO COMO AMEAÇA. EU SOU MAIOR DO QUE AS FLUTUAÇÕES ECONÔMICAS E DO QUE O TRABALHO COLAPSADO. [...] EU ESCREVI A SANGUE NA CALÇADA DOS INVASORES: VOCÊS NOS DEVEM. MINHA PROFECIA DIZ QUE, ASSIM COMO NÓS, OS NOSSOS FANTASMAS VIRÃO COBRAR. QUE JÁ ESTÃO A CAMINHO" (Mombaça, 2019, p. 24). Aí são torcidos também os performativos. Se a performatividade da cruz em chamas serve para propagar o terror e a opressão, a performatividade do sangue da trans preta serve para re-inscrever y atualizar a guerra anticolonial. Os performativos são ambivalentes, servem tanto para inscrever a violência da supremacia branca quanto para instaurar a justiça anticolonial. Assim, se no discurso de ódio inscrito na cruz em chamas, o jovem branco racista entrava na cadeia citacional – um coro histórico com todas as vozes racistas do passado e do futuro – na performatividade da inscrição de Mombaça, ela entra numa iterabilidade *anticolonial*, juntando-se numa coreografia insurrecional com outras corpas racializadas y desobedientes de gênero que historicamente se insurgiram e se insurgirão contra a metrópole e a colônia, contra o binarismo de gênero e a heterossexualidade compulsória, contra o racismo e a supremacia branca, abrindo caminho, aí, para a construção, ainda que *fantasmática* e *espectral*, de uma *subcomunidade anticolonial*. Seguindo os apontamentos de Mombaça, também não me proponho aqui a pensar a construção de "saídas", mas apenas a trazer elementos para re-elaborarmos estratégias de sobrevivência y ataque no interior da atmosfera tóxica do regime racista e cis-heterossexista colonial. Quer seja no esforço para denunciar textualmente a violência e a tortura racial e de gênero, quer na torção e inversão dos atos performativos, a partir de Mombaça podemos perceber que uma estratégia para atravessar o terrorismo colonial inscrito no presente, consiste em fraturar a *lin/gua/gem* que *n/os* fraturou!

escuiresendo: esfacelamentos racistas nas encuirz/ilhadas entre raça y gênero[18]

intro-duzindo, através/ssando

essa apresentação, nos seus sons e grafias, também nos seus silêncios y nas suas invisibilidades, vem num momento contraditório: muito cedo e tarde demais, ao mesmo tempo. Acompanha, num certo sentido, as minhas trans-formações, aquelas que *m/e* atravessam o corpo, de dentro a fora, diferentemente, desde sempre, desde antes, desde muito. Falo, inscrevendo, aqui, especificamente, dos meus processos de *des***marcação** racial, indissociáveis, ainda numa zona de diferença, dos meus processos de *des***marcação** sexual e de gênero. É, mona, é babado! Essas transformações, que se inscrevem na minha carne, estão, também, grafadas, em mil sinais, na terra malbendita que e/u, invariavelmente, pertenço. Essas transformações são revolucionárias, insurrecionárias, não por carregarem a sua substância ou essência, mas por serem, antes de tudo, processos ontodesejantes que, no seu movimento errante e avassalador, estremecem e abalam as estruturas sociais e as coreografias existenciais que sustentam a geopolítica e a onto-metafísica colonial. Aquilo que Achille Mbembe (2014, p. 18) vem chamando um tanto estranhamente de "devir-negro do mundo" e aquilo que Abdias Nascimento (2019, p. 65) vinha chamando

---

18   Texto apresentado inicialmente no evento *Racismo e Mestiçagem* organizado pelo Grupo de Estudos Lastro, ocorrido na CASA 1, São Paulo, em 18.ago.2019. Uma versão mais *fotográfica* desse texto foi apresentada no encontro *LATINO-AMÉRICA: Descolonização e Mestiçagem*, no Espaço Adelina, São Paulo, em 24.ago.2019.

há mais de 40 anos de "um mistério histórico: o fenômeno da cultura de uma área específica, até o momento marginalizada, projetando-se na direção da área ecumênica [...] das culturas africanas e das culturas negras, quer dizer, culturas dos africanos e dos descendentes na diáspora", esses dois processos, e uns tantos outros, *m/e* atravessam, se ar-riscam em ~~mim~~, e parte do que ~~sou~~ hoje, na diferença que se marca, é o *m/eu* atravessamento geo-histórico e ontopolítico dessa época.

Tomo, aqui, espaço para *experimentar*, porque a travessia não é, de modo algum, um processo fácil, simples. Atravessar é, antes, errar, vagar, perder-se e, por fim, é também uma forma de conseguir tornar habitável essa errância, fazer da der-rota uma de-morada. Y *com/partilho* aqui essa experiência, esses experimentos, essa experimentação, des-locando, ao mesmo tempo, a concepção temporal de mundo que apressadamente associa a experimentação ao fugaz, passageiro, superficial, e uma outra versão da mesma concepção que subestima a força do *devir*, da *diferença*, da *desdemora*.

morte branca: lembrando do m/eu embranqueser

uma dimensão marcante, que emerge já como sintoma do trauma racista, dos efeitos do racismo em pessoas racializadas em geral, é o esquecimento. *esquecimento de si*, ativo, na injunção racista do embranquecimento como um condicionante para entrada no campo onto-lógico e biológico, como critério para alcançar a existência e a vida, y *esquecimento traumático*, passivo, como mecanismo de defesa do aparelho psíquico. Assim, o racismo emerge, em corpos racializados, como es*face*lamento da *memória não-branca*, isto é, embranquecimento como violência ontopsíquica. embranqueser. esqueser a "origem" e a "presença" não-branca em si. Esse esquecimento que opera através do embranquecimento e da defesa psíquica contra a violência racista não são, obviamente,

escuiresendo 115

fenômenos de uma interioridade individual, mas parte de processos sócio-políticos. O esquecimento atua como uma estratégia para "apagar a memória do afro-brasileiro", nas palavras de Abdias Nascimento (2019, p. 110). Essa estratégia não visa somente poupar os brancos de uma responsabilização e reparação frente aos horrores e brutalidades do racismo e do colonialismo euro-branco, mas também funciona como um dispositivo de desorientação ontopolítico usado contra o povo preto africano da diáspora, já que o faz perder "a lembrança do seu ponto de partida" (A. Nascimento, 2019, p. 110).

Desse modo, um dos pontos de partida que muitas pessoas racializadas têm nos seus processos de *empretecimento* é o processo arqueoterapêutico de retornar às ruínas de uma memória e de um inconsciente arruinado, marcado pelo trauma es*face*lante do racismo. Isso implica escavar lembranças de racismo, cotidianas, no fundo de memórias apagadas, rasgadas; reviver situações de trauma y dor, na sua violência (des)velada; rememorar momentos de ajuntamentos não-brancos nas *genealogias* e *genéticas* perdidas, es*face*ladas; retomar laços y lapsos, fazer perguntas para re-localizar espaços... perdidos, em almoços de famílias, em ligações telefônicas interestaduais, internacionais, perguntando o nome de tias, perguntando também pra se des-cobrir, se re-construir, perguntando sobre etnias. O meu processo também não foi muito diferente – na verdade, ele passa bem por aí.

As primeiras lembranças que eu tenho dos meus processos de racialização remontam ao Basílio Pimenta, um bairro pobre de Cachoeiro de Itapemirim, no sul do Espírito Santo, onde passei minha primeira infância. Um bairro que, como muitos outros do Brasil dos anos 1990, possuía muitas casas simples, de alvenaria e também muitos barracos, além de algumas casas de classe média baixa. Um bairro marcado pela precarização urbana, por uma dobra geográfica do racismo, repleto de casas arruinadas por enchentes, cheio de entulhos e marcas das enchentes nas paredes das casas, mas também com algumas casas de famílias prósperas, convivendo contraditoriamente lado a lado. Isto é, um lugar de convívio entre populações de espectros de classe diferentes, de diferentes matizes do proletariado, assim como de convívio entre diferentes espectros raciais, onde tínhamos uma maioria preta, onde a maior parte era de pretos de pele clara, afro-indígenas e mestiços, e uma outra considerável

Imagem 4: *e/u y meu avô Ildefonso Campos* – Campos dos Goytacazes, 1988

de retintos, restando uma minoria branca (certamente não sendo "puramente" caucasiana). Isso fazia com que a maioria esmagadora das pessoas que faziam parte da minha primeira infância fossem racializadas, pretas (retintas ou de pele clara) ou de mestiçagens múltiplas. O primeiro momento que senti, não digo que entendi, a racialização, foi quando percebi que minhas amigues pretas retintas ganhavam "apelidos" que se relacionavam com a sua pele: miquimba, tizil etc. Apesar do tom pretensamente jocoso, e/u senti, no fundo, que aquilo era uma forma de marcar uma diferença subalternizante.

Sueli Carneiro (2011, p. 63-4) pontua muito bem como o racismo à brasileira incidiu sobre a população preta e mestiça como uma inversão do princípio colorista estadunidense: "Nos Estados Unidos, onde, ao contrário do que se pensa, a escravidão também produziu uma significativa população miscigenada, definiu-se que 1/8 de sangue negro fazia do indivíduo um negro, a despeito da sua clareza de pele. Aqui também definimos que 1/8 de sangue branco seria um passaporte para brancura". A régua do colorismo racista ainda é onipresente no Brasil, mas era muito mais intensa há 25 anos atrás. e/u sentia que por não ser uma "miquimba", um "tizil", e/u não era uma pessoa preta. Logo em seguida, comecei a perceber que também vinham em minha direção apelidos injuriosos: bombril, esponjaço, nariz de coxinha, tanajura. Lembro-me de chorar bastante logo após esses incidentes; de querer sempre raspar o cabelo, de passar a, se não a odiar, a não gostar do meu nariz, da minha bunda. E mesmo essas injúrias racistas sendo direcionadas a aspectos racializados do meu corpo, e/u não as entendia como racismo, porque, na régua do colorismo racista, a sociedade (e e/u mesma) me havia concedido o "passaporte pra brancura" que Carneiro aponta. e/u entendia aqueles xingamentos como apontamentos sobre aspectos do meu corpo que me diferenciavam, me afastavam, da branquitude: a partir daí, comecei a sentir que e/u não fazia parte daquele mundo. Entretanto, isso não fez com que e/u me aproximasse da negritude. e/u me entendia como uma sub-branca, uma quase-branca, ou mesmo uma não--branca, mas não uma pessoa preta, ainda que nitidamente não-branca e, tristemente, entendia isso como algo menos pior do que ~~ser~~ prete. E, nesse sentido, ao fugir da minha pretitude, e/u atualizava em mim a pedagogia racista implícita na mestiçagem como genocídio do povo negro: "Temos sido ensinados a usar a miscigenação ou a mestiçagem como carta de alforria do estigma da negritude" (Carneiro, 2011, p. 64).

Assim, o racismo entrava na minha vida, primeiramente, como um *interdito onto-~~lógico~~*, como um bloqueio nas linhas do ~~ser~~, como uma "zona de não-ser", segundo as palavras de Frantz Fanon (2008, p. 26). Trata-se de uma manifestação da dolorosa constatação de Fanon (2008, p. 28): "para o negro há apenas um destino. E ele é branco". Existia uma incompatibilidade entre a base material do meu corpo e os meus processos existenciais. O ideal do ego branco, isto é, o embranquecimento enquanto um imperativo existencial, chocava-se com a minha condição racial, e a tentativa de conciliar esse inconciliável produzia uma fratura no meu *s/er*.[19] Esse mecanismo racista impacta brutalmente a psique, os afetos y emoções, a subjetividade y a onto-~~logia~~ preta, produzindo "danos psíquicos", "golpe na autoestima" e "sofrimento psíquico" (Carneiro, 2011, p. 79-80). Danos, golpes e sofrimentos tão intensos que levaram Fanon a afirmar que para pessoas negras "qualquer ontologia torna-se irrealizável em uma sociedade colonizada e civilizada" (Fanon, 2008, p. 103). E numa sociedade de supremacia branca ou "antipreta", conforme Calvin Warren (2018), as soluções que pessoas negras encontram para esses danos psíquicos são precárias e, na maioria das vezes, não fazem mais do que reatualizar y disseminar esses mesmos problemas a partir de outras modulações. Pelo menos foi assim comigo.

Se *ser* preto era, em primeira instância, passar pela marcação de uma diferença subalternizante, meu primeiro passo de fuga racista foi me afastar da pretitude, me escondendo atrás do "passaporte" racista que a pele clara da mestiçagem, precária e insuficientemente, me proporcionava. Era a internalização do imperativo racista e colonialista do embranquecimento: "Quanto mais assimilar os valores culturais da metrópole, mais o colonizado escapará da sua selva. Quanto mais ele

---

19 Esse processo, segundo Fanon, é imanente à vida negra nos contextos de colonização euro-branca. Mas é também um processo que incide diferentemente nas diferentes formas do ser e do parecer negro. E me parece também que o imperativo do embranquecimento, no contexto da colonização euro-branca, incide, diferentemente, sobre todos os corpos racializados, não estando restrito à negritude.

escuiresendo

rejeitar sua negridão, seu mato, mais branco será." (Fanon, 2008, p. 34). Me distinguir, me diferenciar da pretitude, sobretudo da pretitude retinta, foi a minha estratégia. Assim, me juntei à iteração racista, entrando no coro geo-histórico de vozes que citavam a injúria a racista. Passei, e/u mesma, a gritar também, inclusive ao lado de outras pessoas pretas e racializadas que não se percebiam assim, "miquimba!", "tizil!", como uma forma de jogar no outro aquilo que não queria em mim. e/u era como o martinicano preto que volta da França, acentuando os R's para se distanciar/diferenciar do francês patoá e da pretitude, ou como o martinicano preto que deixa a Martinica rumo à França para se distanciar/diferenciar do martinicano nativo (Fanon, 2008, p. 36, 74).

Os contextos euro-colonizados são marcados por uma atmosfera venenosa de racismo onde "o branco infesta o negro com corpos estranhos extremamente tóxicos" (Fanon, 2008, p. 48). Assim, pessoas pretas também não estão isentas de serem afetadas pelo racismo e de reproduzir lógicas e práticas racistas e devem, portanto, ser responsabilizadas e se responsabilizar por suas ações – e essa fala/escrita é também uma tentativa de reparação, inscrevendo uma outra etapa desse meu processo, que já não é de hoje. Entretanto, esse processo é um *efeito* da desorganização e do esfacelamento racista na psique e na existência preta, de modo que a responsabilização e reparação do racismo entre pretos devem ser endereçadas, em primeira instância, ao colonialismo europeu e à própria branquitude.

Ter a sua ~~existência~~ preta circunscrita num mundo anti-preto significa se deparar com uma existência condicionada pelo imperativo do não-ser, o que implica, também, se deparar com a morte e o assassinato, físico e/ou onto-*lógico*, vindo em sua direção. Fazer esses questionamentos sobre a impossibilidade do ~~ser~~ preto num mundo anti-preto, segundo

Calvin Warren (2018, p. 4), "nos expõe ao *terror* – o terror de que a segurança ontológica se foi, o terror de que reivindicações éticas não têm mais uma ancoragem, e o terror de habitar uma existência fora das fronteiras da humanidade e do seu humanismo". Por isso buscamos um novo terreno sólido e firme depois de experimentarmos um terror que nos faz tremer, temer. Por isso muitas pessoas racializadas buscam a branquitude como horizonte, fugindo da pretitude, pois ela propaga a falsa esperança de que, ao assumir o ideal do ego branco, as pessoas racializadas encontrarão um solo onto-lógico fértil e poderão germinar existencialmente. E por isso também pretes de pele clara y pessoas mestiças de pele clara buscam ainda mais esse ideal, porque, em função do colorismo racista, ainda que de forma precária, a tonalidade desses corpos *permite* um acesso, ainda que precário y contraditório, às estruturas sociais do mundo branco. O que Warren propõe enquanto *"terror ontológico"* é o processo de atravessar essas questões onto-~~lógicas~~ aterrorizantes sem nem fugir para o embranquecimento racista e nem para um humanismo preto conciliador. Antes de retomar esse ponto na última sessão, e/u preciso continuar acertando as contas com minha *memória* arruinada e as suas questões aterrorizantes numa cena familiar.

genealogias perdidas, filiação diaspórica: entre dissimulações e silêncios

a partir de um determinado momento comecei a perceber que as ofensas racistas que eram direcionadas a mim ou a outras pessoas negras do meu círculo afetivo da primeira infância circulavam também, ainda que numa outra tonalidade, dentro do meu círculo familiar. Lembro-me de primos e tios zombando do cabelo de primos e tios "Iiii, esse puxou a Norinha!", fazendo uma referência racista ao cabelo crespo da minha avó paterna. Lembro de como meus tios pretos de pele mais escura eram marcados: "neguinha", "pretinha", "negão", diziam os mais íntimos num tom pretensamente lisonjeiro.

Imagem 5: *Casamento dos meus pais* – Campos dos Goytacazes RJ - 1977

Lembro-me também de como os elementos da cultura preta/indígena y o seu pertencimento genealógico à família eram sempre colocados numa posição exotizante, museológica, passadista, como se fossem signos de um passado arcaico, superado. Aqui, certamente vemos uma alternativa sofisticada, *dissimulada*, atravessada pela culpa, de não reproduzir os "acenos de traição à negritude, que são sempre oferecidos aos mais claros", como bem nos lembra Sueli Carneiro (2011, p. 72). Meu pai me falava com um certo orgulho sobre meu avô paterno ser "caboclo", isto é, fruto de mestiçagem de indígena com brancos, e amazonense. Mas esse orgulho nunca caminhava na direção de situar isso no presente e no interior da árvore genealógica, parecia sempre estar se referindo a um passado distante e a um pertencimento perdido, como se esse rasgo da nossa família não estivesse presente no presente da nossa família, da nossa carne e sangue. Ele também falava com um certo orgulho: "Você sabia que a sua avó é baiana?". O "baiana" parecia uma forma de *dissimular* a mestiçagem negra da minha avó no pertencimento regional nordestino, que nos anos 90 tinha um certo prestígio (no mundo preto y na classe trabalhadora) em função da projeção (contraditória) da música baiana no cenário musical nacional. Esses comentários pareciam sempre situar as racializações da nossa família, dissimuladas no "caboclo" e no "baiana", até a linha dos avós e num passado distante.

Nos almoços em família, na casa dos meus avós lotada de parentes, comíamos o bobó de camarão da vovó, vatapá y era coentro pra tudo quanto era lado. Vira e mexe surgia o assunto dos eguns e de espiritualidade em geral, as histórias do meu tio cambono, as histórias de incorporações e mediunidade da minha avó e das suas irmãs da Bahia, dos terreiros, as conversas sobre mediunidade entre a minha mãe e minha tia, ambas espíritas dedicadíssimas, as histórias que os primos contavam sobre o Preto Velho e sobre a figa de madeira escura do lado da porta da sala que dava para a entrada da casa dos meus avós. Esses elementos existenciais y culturais, ademais do que se inscrevia na nossa carne, mostram como os elementos pretos (culturais, espirituais, artísticos) y indígenas estavam presentes na nossa família no presente, apesar dos incessantes esforços da família de situá-los num passado distante.

Já na minha parte materna, apesar de menos dissimulações racistas, reinava um *silêncio* maior sobre nossa herança racializada. Meus avós maternos eram de Campos dos Goytacazes, no norte Fluminense, uma terra que antes da invasão dos colonizadores portugueses era povoada pelos Goytacazes, também chamados de Guaitacás ou Goitacás. Não conheci minha avó materna, Ozíris, mas suas fotos nos escassos y mofados álbuns de família sempre me encantaram. Com traços pretos e indígenas bem fortes: cabelos bem escuros, de um liso meio crespo, pele bem escura, olhinho puxado, bochechas bem marcadas, olhar profundo, sereno y um

escuiresendo 123

sorriso contagiante. Ela sempre foi um mistério pra mim, porque a sua racialização gritante não me parecia ter continuidade na linhagem familiar. A não ser pelo meu tio **Teco**, irmão da minha mãe. Nitidamente **preto-indígena**, de pele escura, nariz e lábios grossos, cabelos lisos, dono de um lindo sorriso, de uma alma grandiosa y de um coração ainda maior, conhecido pelas suas habilidades na Capoeira y pelo bom humor. Uma parte considerável dos meus tios-primos por parte materna são pretos de pele escura, mas ainda na infância e crescendo num ambiente familiar e social embranquecedor, e/u não era capaz de associar aquela racialização, ainda que diferentemente, à minha própria, ou como uma racialização que de alguma maneira abria uma ralação com a minha. Só depois de muito tempo pude perceber na minha mãe e na minha tia os traços racializados, apesar das suas peles claras. Descobri, ainda criança, que minha mãe não era loira e que nem ela y nem minha tinha tinham cabelos lisos, quando percebi as técnicas de tintura e alisamento. Depois fui percebendo que seus olhinhos puxados e narizes grossos e bochechas protuberantes tinham suas raízes na vovó Ozíris. Meu avô materno também era mestiço, tendo traços pretos, indígenas e de uma branquitude supostamente portuguesa.

Se, como Fanon (2008, p. 34) mostrou, no contexto das sociedades euro-colonizadas, a branquitude se coloca como o único horizonte existencial, inclusive para pessoas pretas e racializadas, então, não só temos a necessidade de uma re-articulação onto-~~lógica~~ em torno do **empretecimento**, como também vemos que essa re-articulação preta se insere num processo mais amplo de *descolonização*. Esse processo é ontopsíquico, implica um mergulho no buraco-negro das ruínas de um *incons/ciente* fraturado pelo racismo, repleto de *memórias* es*face*ladas, implica re-viver momentos traumáticos de uma economia da violência racista que é contraditória e desigual, onde nos vemos, em maior ou menor grau, como sujeitos y objetos. Mas nesse processo mesmo, que é uma autoanálise – e que é também uma autorrefeitura –, conseguimos compreender de forma mais sutil y profunda o funcionamento das lógicas do racismo, da supremacia branca e do euro-colonialismo. É um processo solitário também. Pois é perceber-se sozinhe num processo de **empretecimento** num mundo, e muitas vezes numa família, sobretudo em famílias mestiças, *embranquecidos*. É se ver numa família mestiça (entre entre elementos pretos, indígenas y brancos), onde seus membros conscientemente tentam purgar seus rasgos racializados ou, insconscientemente nem se percebem (mais) como pessoas racializadas. Esse processo, contraditoriamente, também é coletivo. Nos vemos na necessidade de re-articular relações, muitas vezes frágeis ou inexistentes. Para mim, significou a retomada de um diálogo com familiares, sobretudo minha mãe, meu pai em menor grau, e minhas tias. Troquei muitos e-mails, mensagens de celular, ligações e conversas, perguntando sobre os meus avós, suas descendências y origens, sobre a sua infância, seus primos e tias. É um processo coletivo es*face*lado, que acontece na escrita das oralidades e não na escritura de documentos; pois o povo da diáspora africana e os povos indígenas das chamadas Américas não se inscrevem nessas escrituras; ao contrário, aí se encontram o resto dos seus apagamentos. É também um processo fracassado, errante, derrotado! Pois significa, na maior parte das vezes, lidar com o vazio ou com a frustração, lidar com "mmm, não sei", "vou ver com fulana, talvez ela saiba". Mas nesses fracassos, nessas retomadas de diálogos, vemos emergir novas coletividades y novas formas de habitar o mundo. esses processos erráticos formam parte do solo ético-onto-~~lógico~~ onde germinam novos laços e existências coletivas.

escuiresendo

escuirsendo nas encuirz/ilhadas trans-pretas

no deixar-me arrastar por esse processo arqueoterapêutico de escavar *mem/órias* fraturadas y esfaceladas pelo racismo, percebi também que os racismos que sofria mantinham uma ralação muito intensa e estranha com meus processos sexuais y de gênero. Na minha infância era muito comum que meninos usassem *shorts* esportivos bem curtos. Quando eu usava esses *shorts*, os meninos, sobretudo os brancos e riquinhos, me chamavam de "É o Tchan" e derivados, numa tentativa não só de destacar minhas feminilidades y corpora-lidades desviantes da cis-heteronorma, mas como um gesto para racializar meu corpo e minha feminilidade e, mais ainda, para me aproximar do mundo e da cultura preta, por eles tido como gentalhice e baixeza. Por vezes eu também era interpelada gênero-racialmente num sentido oposto, preten-samente lisonjeiro. Lembro-me de homens mais velhos em geral me elogiando, me dizendo que e/u lembrava o grande Tim Maia, dissimulando uma tentativa de me realocar nor-mativamente numa posicionalidade cis-masculina por meio de um suposto elogio. Num sentido parecido, lembro-me da minha mãe falar da minha semelhança com atores pretos de pele clara, na infância, numa tentativa nítida de inflar minha autoestima, tomando um corpo preto/mestiço de pele clara (com "passaporte para a branquitude"), macho y viril, magro y definido – mas que deixa transparecer a subjacência de processos racistas para me embranquecer, processos transfóbicos para me cis-masculinizar y pro-cessos gordofóbicos para me emagrecer. Era muito comum também que meus amiguinhos, em momentos de raiva, para me irritar ou magoar, me chamassem de *Fat Family*; mas o que se mostra aí como uma injúria, é a zona que o xingamento abria, me aproximando ao mesmo tempo da gordura, da negritude y das feminilidades.

Além disso, fui percebendo também que a construção do meu processo, lento, repleto de rupturas y desvios, e ainda inacabado, de transição de gênero, passou a abrir zonas--de-contatos com a minha racialização, até então ainda soterrada pelos adoecimentos provocados pelo imperativo do embranquecimento. Passei, então, a tentar construir uma nova relação com meu corpo. O cabelo foi um dos primeiros elementos que tentei ressignificar. Na tentativa de me permitir construir uma feminilidade, passei a deixar meu cabelo crescer por completo, pela primeira vez na minha vida, lá pelos meus 25 anos. Nesse processo, tive que me reaver com o (meu) racismo implícito na (minha) neurose de deixar meu cabelo crespo – e junto com ele, minha pretitude – sempre escondidos! Assim, minha transfeminilização passou também a impulsionar y radicalizar meu processo de escurecimento, de *empretecimento*. um processo de cura duplo, uma *encuirz/ilhada* que se abre y faz cruzar no *m/eu corpespírito* a transgeneridade y o empretecimento como instrumentos de uma refeitura que não é mais ôntico-onto--lógica pois seu funcionamento não mais se deixa nomear pela diferença entre *ser* e *ente*.[20] **escuireser**... porque essas

---

20   Heidegger afirma que a ontologia se funda no problema da *diferença ontológica*, "o problema fundamental da diferença ontológica, a diferença entre ser e ente". Cf. Heidegger, 2012, p. 329. A diferença ontológica é o momento onde a diferenciação entre *ser* e *ente*, entre a dimensão *ontológica* e *ôntica* ("espírito" e "corpo"), se abre numa relação. Ainda que Heidegger entenda que o acesso ao ser só seja possível por uma passagem inicial pelo ente, para ele, os fenômenos ônticos (ente e corpo), não determinam os fenômenos ontológicos (ser e espírito). Assim, a posicionalidade ôntica dos seres (humanos), como raça y gênero, por exemplo, na analítica existencial heideggeriana, possui pouca importância para a compreensão dos fenômenos ontológicos. Que Heidegger tenha tido essas *meditações ontológicas abstratas* e *universalistas* ocupando um *lugar ôntico europeu-alemão-branco-rico-cis-hétero*, não deve, de maneira nenhuma, ser visto como um mero acaso, no seu sentido corrente. Essa *lógica* heideggeriana marca uma ralação de pertencimento inegável do seu pensamento com a tradição *logocêntrica* da metafísica euro-branca e é isso também que me impede de articular a onto-~~logia~~ para pensar a dimensão existencial inscrita nas questões de gênero y raça, a não ser sob a forma de uma rasura estranha. Em algum outro momento, tentarei experimentar como as práticas de deserção de gênero transições se atrav/essam, porque desfazer o que o mundo colonial fez no m/eu *corpespírito* abre em mim uma zona estelar de vibração com as harmonias caósmicas.

E se essas transições se atrav/essam, outras transições nos atrav/essam, porque a transição não se multiplica por filiação, mas por *contágio*! Lembro das primeiras trans y não-binárias que conheci, do impacto que causaram nas vibrações do meu ~~ser~~. Lembro dos meus primeiros amigos que transicionaram, suas mudanças de nomes, assinaturas, de vestimentas, de vozes, de *corposições*. Essas mudanças me mudavam, não somente no sentido de que e/u tinha que mudar com elas, me adaptar a elas, mas no sentido de que elas mudavam as minhas modulações existenciais. Era, antes de tudo, a abertura de novos mundos. Suas mudanças me comunicavam, bem no fundo dos processos ontodesejantes, que a mudança era também um *caminho* possível de *trilhar*. Foram com esmaltes doados por amigos transmasculinos recém transionados que e/u comecei a pintar minhas unhas pela primeira vez; meus primeiros sutiãs foram doados por gordes em processos de desidentificação de gênero; foram duas travestis recém-transicionadas que me deram a minha primeira alquimia trans-hormonal. Num outro cruz/amento, os processos de empretecimento de amigues pretes também me afetaram muito. Ver amigas pretas alisadas desde muito se encrespando, se trançando, se endredando foi muito importante; ver essas amigues empretecendo seus arquivos epistemo~~lógicos~~, seus círculos de amizades, seus afetos y suas relações sexo-desejantes também me marcou muito. Esses dois processos, de formas diferentes, em graus diferentes, se cruzaram em *m/im*, nos caminhos da minha vida.

y as novas políticas raciais, mas também os estudos de gênero y o pensamento radical preto, têm abalado a tradição onto-lógica, ao mostrar, nítida ou dissimuladamente, como a dimensão ôntica abre uma ralação com os processos onto-~~lógicos~~: ontografias. Essas reflexões só são possíveis graças à *trilha* aberta pela desconstrução da metafísica ocidental de Jacques Derrida.

Mas esses processos não são, de maneira nenhuma, fáceis e tranquilos. E se e/u tentei, aqui, marcar um esforço para tirar os processos de transição de gênero y de empretecimento da órbita da dor y da violência, não foi para ressituá-los numa paisagem idealista e romântica. Se a mestiçagem existe hoje, apesar ainda das relações inter-raciais que, com todas as suas problemáticas se estabelecem, é porque elas são, antes, parte de uma "ideia d[e] eliminação da raça negra [...] calculada estratégia de destruição" e parte do imperativo de "embranquecer o povo brasileiro por dentro e por fora", através ainda do "estupro sistemático e permanente da mulher africana e de suas descendentes no Brasil", como bem marca Abdias Nascimento (2017, p. 88 e 76). E se os processos de recuperar a pretitude apagada dentro do "mestiço", "pardo", "mulato" são um momento importante da luta antirracista, do combate à supremacia branca, de fortalecimento do povo preto africano y da diáspora, como bem mostra Sueli Carneiro (2011), não podemos esquecer também, como marca Fanon (2008, p. 29), das "diferentes posições que o preto adota diante da civilização branca", posições que não são meramente conceituais, mas corpóreas.

No afã de construir um *ser preto*, não podemos nos afobar e esque*ser* as *diferentes formas de ser preto* e as assimetrias políticas que aí se inscrevem. No racismo à brasileira, sabemos que a pigmentação da pele marca diferencialmente os corpos no interior das lógicas racistas de segregação, violência e morte. Assim, apesar de toda a precariedade, corpos racializados de pele clara possuem maior trânsito na Casa Grande colonial do que corpos retintos e, apesar de ambos serem formas de habitar a pretitude, não devemos nivelá-los numa pretensa simetria preta. E isso precisa ser reconhecido, de uma vez por todas! Esse reconhecimento, entretanto, só acontece a partir do exercício ético y *ontográfico* inscrito na *alteridade infinita*. Assim, e/u, mesmo sendo uma preta de pele clara, sendo uma pessoa que racialmente me encontro numa posição de maior sensibilidade ética com e outre racializade, *não* tenho acesso à experiência direta de pessoas pretas retintas. Nesse sentido devo, retomando as discussões de Jacques Derrida, sobre a relação entre onto-~~logia~~ e ética, deixar-me afetar pelo "infinitamente outro" (Derrida, 2011, p. 219), por aquela diferença que não compreendo, mas respeito – y só respeito *quando y porque* afirmo não compreender. A alteridade demanda um exercício ético interminável de me deixar afetar sensívelmente pela experiência da outridade.

Em contrapartida, apesar dessa ~~passabilidade~~ precária, não podemos também achar que corpos pretos de pele clara estejam fora de processos de marcação raciais, afirmativos ou racistas. O triste caso de Matheusa Passarelli,[21] como tantos outros que acontecem diariamente, deveria(m) ser o suficiente para sabermos que corpos pretos de pele clara também sofrem racismo por serem racializados, por serem percebidos socialmente, por fim, como *corpos pretos*! Precisamos ter cuidado com a branquitude também! Hoje, graças ao esforço incansável de pretes y indígenas na luta contra a estrutura colonial-racial do mundo que ainda segue existindo, tornando o debate anticolonial y antirracista praticamente *incontornável*, farejamos de longe corpos (euro)brancos sedentos para apagar sua posição privilegiada, fundada em violências. Herdando a lógica saqueadora de seus ancestrais, seguem procurando matérias-primas para refundar seus extrativismos, de modo a escamotear suas posições privilegiadas: a pilhagem agora é, também, onto--epistemo*lógica*. Mais do que tentar blindar essas escritas

---

21   Para uma breve introdução ao complexo caso do assassinato de Matheusa Passareli, ver Vasconcelos, 2018, disponível em: <https://ponte.org/matheusa--passareli-e-revolucao-e-amor-diz-amiga-de-estudante-executada-no-rio/>.

através de uma *magia preta*, que talvez já esteja circulando por aqui, que esconjura as máquinas de apropriação, prefiro me dirigir à própria branquitude, aos seus egos, inflados e frágeis como balões: *brancos, parem de se esconder na culpa colonial y de raça, na tentativa de obliterar suas posicionalidades corpespirituais privilegiadas e passem a assumi-las de uma forma honesta, humilde, na direção do processo infinito de reparação*! Esse apelo é contraditório, devo admitir, porque também não tenho a menor esperança que a euro-branquitude se sensibilize na direção de re-inscrever sua posicionalidade nos caminhos da reparação.

Abdias Nascimento (2018, p. 87) nos mostra como a utopia racista dos supremacistas brancos brasileiros do final do século XIX era a erradicação do povo preto através da mestiçagem e do assassinato. Nela, estimava-se que no início do século XXI esse processo já estaria concluído! Ééééé!!!! Só que não! Seguimos, contra a marcha dos números cuíer e pretocidas, vivas y, mais ainda, seguimos *envivecendo*! A violência de uma sobrevida forjada nos movimentos da quebra corpo-existencial, operada tanto pelo supremacismo branco quanto pela transfobia, ambas estruturas coloniais, contraditoriamente, é também o que nos impele ao movimento de ajuntamento: "Politizar a ferida, afinal, é um modo de estar juntas na quebra e de encontrar, entre os cacos de uma vidraça estilhaçada, um liame impossível, o indício de uma coletividade áspera e improvável" – nos lembra Jota Mombaça (2019, p. 17). Somos ca/cos existenciais se ajuntando, ao passo também, que queremos deixar em cacos o mundo e suas estruturas onto-epistemo*lógicas* e materiais que atuam como mecanismos do nosso estilhaçamento. Me esforço aqui, inclusive, para afirmar uma existência trans e preta que também não mais se deixa reduzir onto-*logicamente* pela dor e pelo o horror do racismo e da transfobia neocolonial.

Não ~~sou~~ preta (de pele clara) somente porque sofro racismo e não ~~sou~~ trans (não-binária) somente porque sofro transfobia. Minhas formas de não-existência preta (de pele clara) e trans (não-binária) num mundo racista e transfóbicos não esgotam minhas afirmações existenciais. Minha dor m/e atravessa, se assenta em mim, deixa marcas traumáticas indeléveis, mas que, de forma alguma, conseguem encerrar o transbordamento do meu *ser* y a nossa capacidade infinita, vital, de trans-formação, de criação e re-criação. "beliz:/já enfrentou muito golpe sim/y se corpo desse mar num carrega cicatriz/é que sua pele dágua se desfaz contra o toque/de cada golpe/ açoite chicote/eu me refiz/eu me refiz/eu me refiz", nos lembra tatiana nascimento (2016, p. 22). Seguimos, nos delírios de uma criação solitária y coletiva, afirmativa y frustrada, quebrada y ajuntada, produzindo *ontografias* es*face*ladas de refeituras que não mais se deixam inscrever nas onto/*logias* negativas e essencialistas, brancas. Sigo, seguimos, **escuiresendo**. isso é também, na carne, um passo na guerra contra a estrutura colonial do mundo.

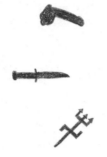

PARTE III

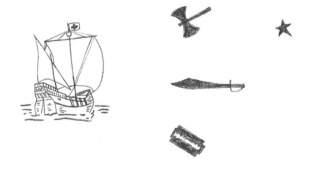

atravessando o neocolonialismo e a "nova" guerra social

de volta à colonia: as "novas" configurações da guerra social no Brasil[22]

advertência

quando recebi o convite para participar do segundo encontro *Cidadãos, Voltem Pra Casa!*, me veio de imediato a ideia de fazer algo a respeito da situação política do Brasil no pós-Golpe (primeiramente como uma forma de sair da órbita tiqqunista que envolve o encontro). Entretanto, ao contrário da maioria das reflexões que tem sido feitas, das mais fracassadas às mais fecundas, pretendo construir esta análise, se assim podemos colocar, justamente na dimensão em que as relações políticas são atravessadas pelos processos desejantes e pela circulação dos afetos. Demasiado presas a um *pathos* racionalista, muitas reflexões têm deixado escapar elementos importantes justamente por não perceberem a força que o desejo e os afetos possuem na construção da nossa atmosfera política contemporânea. Além disso, é preciso também se deixar arrastar por essas dimensões na tentativa de analisá-las, na investigação e, sobretudo, na escrita. Esta escrita, portanto, não deixa, ainda que com limites, de ser um exercício experimental: deixar-se arrastar, atravessar, de *outra* forma, pelos desejos e afetos de uma época

---

22 Texto apresentado no contexto do segundo encontro *Cidadãos, Voltem Pra Casa: Subjetividade e Visibilidade*, organizado pela GLAC edições, ocorrido no Sesc CPF em São Paulo, no dia 24.nov.2018.

confl/ituosa y d

$\qquad$ e

$\qquad$ c

$\qquad$ a

$\qquad$ d

$\qquad$ e

$\qquad$ n

$\qquad$ t

$\qquad$ *e.*

E por fim, esta análise parte de um lugar muito singular. Trata-se de um ceticismo, em considerá-la mesmo uma análise, no sentido dado pela metafísica branca, a qual, de alguma forma, herdamos. Ela é, antes de qualquer coisa, na sua forma y no seu conteúdo, disformes y estranhos, o conjunto das *minhas impressões* sobre essa época. É também o meu processo de *atravessamento* dela. Uma forma de habitá-la, de sobreviver às feridas que ela ~~me~~ imprime. É um processo de cura, de catarse. Sem fim. É uma experimentação. E essa análise, também uma autoanálise, deve se expressar de acordo com suas próprias regras, deve criar suas próprias leis, e instaurar, ainda que de forma precária, a linguagem ou as linguagens que, desde já, ela habita.

ressacas de junho: perseguição e recuo

as chamadas "jornadas de Junho" de 2013 certamente formam parte de um dos acontecimentos mais marcantes da história recente, e não é só por colocar o Brasil no mapa geopolítico internacional dos levantes populares dos anos 2010. E qualquer tentativa de compreender nosso atual contexto político que não leve em conta esse acontecimento marcante e, sobretudo, os seus desdobramentos, está condenada a ser encurralada entre incompletudes conceituais ou becos-sem-saída analíticos.

Junho foi marcado tanto pela escala local – com a notável vitória parcial das milhares de manifestações descentralizadas, ainda que articuladas, que conseguiram revogar o aumento das passagens em vários estados de todas as regiões do país – quanto pela escala nacional – com a reestruturação total das alianças político-partidárias, especificamente com a quebra do pacto de governança entre o PT e o grande capital colonial (com seus representantes neoliberais à direita). Esses dois acontecimentos tiveram, por sua vez, dois impactos codependentes tanto na esfera micropolítica quanto na macropolítica. Por um lado, a "vitória" instaurou um certo clima otimista, criando uma densa atmosfera afetiva de esperança, ainda que curta, nos movimentos populares, sugerindo que os métodos de enfrentamento radical y violento e as organizações e mobilizações horizontais e autogestionárias dão resultados concretos. Por outro lado, mas ainda por aí, as manifestações mostraram para o grande capital colonial e para a direita (incluída aí a extrema direita) que os movimentos sociais, os grupelhos radicais e os movimentos de minorias estavam organizados e dispostos a utilizar métodos de enfrentamentos violentos para defender suas pautas revolucionárias. Nesse sentido, apontaria a seguinte *hipótese*, se confiasse o suficiente em seus postulados epistemológicos: mais do que uma insatisfação com os rumos econômicos do país, a ruptura da direita, dos liberais e do grande capital colonial com o PT se deu em função da crença de que o PT não daria conta de reprimir a libertação de um fluxo desejante intenso e radical como o contido nas revoltas e nas insurreições de Junho.

Nesse sentido, uma das primeiras consequências concretas na esfera macropolítica desse medo dos setores conservadores frente à nova onda de ajuntamentos revoltosos que se abria, foi a aprovação da Lei Antiterrorista, em 2016, ainda pelo governo Dilma. Anteriormente, entretanto, uma estratégia mais sutil, porém igualmente poderosa começava a ser levada a cabo tanto pela mídia quanto pela polícia – mas também pelo próprio movimento, inclusive nos setores de esquerda (partidos socialistas, grupos marxistas y inclusive alguns setores anarquistas) –, a saber, o isolamento dos setores mais radicais do movimento ("Ao isolar [...] os 'criminosos', os 'violentos', os 'loucos', os 'bandidos' [...] SE retira do povo somente sua porção mais perigosa para o poder" [Tiqqun, 2014 p. 49]). Categorizá-los como "vândalos" ou "mascarados" servia não somente para negar qualquer legitimidade às pautas radicais do protesto, mas também para negar a tais setores o próprio direito de se manifestar.

Ambas as estratégias, tanto a de ordem jurídica quanto a de ordem política, entretanto, eram movidas pelo mesmo *pathos*: o medo que assombrava o grande capital colonial e a direita de que as táticas de enfrentamento violento e, em última instância, os protestos intensos y insurreições, se espalhassem e se solidificassem pelo país, isto é, o medo de que o Brasil virasse uma Grécia ou um Chile. Essa atmosfera política ainda não se dissipou – bem ao contrário! –, e os setores reacionários atuais ainda respiram esse ar nauseabundo repleto de medo de revoltas e da luta de grupos marginalizados y minorias. Grande parte das movimentações políticas do fascismo atual são insufladas por esse *pathos*, associadas ainda a um certo desejo de desforra e vingança.

Essas estratégias de perseguição jurídica, midiática, política e policial, por sua vez, quando não resultaram na prisão e encarceramento de militantes e grupelhos radicalizados, geraram uma política mais ou menos explícita de recuo. Por vezes tratava-se de um recuo ofensivo: dar um passo para trás para dar dois para frente; abaixar as armas e construir escudos; rever estratégias e táticas. Mas por vezes era um recuo forçado: militantes que desertaram por não ter estruturas

de volta à colonia **139**

coletivas e subjetivas para lidar com as perseguições constantes; que viraram meros universitários, trabalhadores comuns, desempregados ou loucos; que desmoronaram ou que, de muitas formas, *se foram*...

Por hora, nos vemos ainda sofrendo dessa ressaca, encurraladas entre esses dois processos claustrofóbicos: órfãos de grupelhos e setores insurrecionários que se foram ou que se escondem nos bueiros da necrópole colonial; ou esmagados por uma repressão sádica e cínica cada vez menos dissimulada.

o fim da dissimulação democrática

os defensores da democracia sempre re-afirmaram a narrativa delirante e totalitária de que a democracia seria o sistema político que nos protege da barbárie – e que, ainda por cima, seria o único sistema político que funciona. Que a sua origem, na Antiguidade clássica da Grécia, já se dê num contexto em que a democracia era exercida somente pelos cidadãos, isto é, homens adultos, livres, nascidos em solo grego, em sua maior parte proprietários, excluindo, portanto, a maior parte da sua população dos processos democráticos, é absolutamente sintomático. Os EUA, a maior e mais antiga democracia recente, tem a gênese do seu processo democrático associada ao genocídio do povo indígina originário com a corrida para o Oeste, ao imperialismo predatório com sua expansão em direção ao México e Caribe, à escravidão y seus horrores nas *plantations* sulistas. O mesmo no Brasil: uma democracia forjada por uma elite colonial corrupta y por militares que governaram por décadas, seguida de um governo oligárquico-colonial que se alternava entre fazendeiros paulistas e pecuaristas mineiros e que depois se viu mergulhada entre golpes protofascistas e ditaduras militares. A história (colonial) da democracia denuncia a si mesma. Mas nos últimos 20 anos, esse processo tem se intensificado.

O importante pensador preto camaronês Achille Mbembe tem chamado esse processo de *saída da democracia*. Não se trata, para ele, como pode parecer numa leitura apressada, de um processo autoritário e violento, exterior às democracias, ao contrário, trata-se de um autoritarismo e violência intrínsecos às democracias, que, agora, não mais consegue se dissimular. "A violência das democracias, até agora mais ou menos disfarçada, vem à superfície, desenhando um círculo mortal que aprisiona a imaginação e do qual é cada vez mais difícil de sair. Um pouco por todo o lado, a ordem política reconstituiu-se enquanto uma forma de organização para a morte" (Mbembe, 2017, p. 15). Mais à frente ele continua: "A ideia segundo a qual a vida em democracia é, no seu fundamento, pacífica, policiada e desprovida de violência não nos convence. [...] Mas a brutalidade das democracias nunca foi senão abafada. Desde as suas origens, as democracias modernas mostraram tolerância perante uma certa violência política, inclusivamente ilegal" (Mbembe, 2017, p. 33).

Tiqqun traça uma outra rota, ainda que similar. A sua tese fundamental é de que "a guerra civil continua mesmo quando é dito que ela está ausente ou sob controle" (Tiqqun, 2010, p. 60). A começar pelo Estado. Diz-se, de Hobbes à Rousseau, que ele é o instrumento através do qual a sociedade põe fim à violência e a guerra. "O Estado moderno, que afirma eliminar a guerra civil é, ao contrário, a sua continuação por outros meios" (Tiqqun, 2010, p. 79). Assim, o que o Estado faz não é combater a violência, mas deslegitimar todas as outras formas de violência, ao passo que monopoliza para si o uso da violência assim tornada *legítima*. "Estado moderno quer dizer, dentre outras coisas, uma monopolização crescente da violência legítima, um processo através do qual todas as outras formas de violência são deslegitimadas" (Tiqqun, 2010, p. 83).

de volta à colonia **141**

Além do monopólio do uso legitimo da violência, o Estado moderno se caracteriza por uma ralação arbitrária e autoritária com a lei. A suspensão da lei não é um mecanismo que se usa em situações críticas, ao contrário, é o estado normal das democracias e do Estado moderno. "O Estado de Exceção é o regime normal da lei" (Tiqqun, 2010, p. 130).

Esses apontamentos são fundamentais para compreendermos a atmosfera política do Brasil contemporâneo; e seus sintomas já existem há um certo tempo. O Batalhão de Operações Especiais (BOPE) é paradigmático nesse tópico. Uma polícia do Estado cujo símbolo é uma caveira humana cravada por um punhal e cujo veículo blindado (eufemismo para tanque de guerra) se chama Caveirão não apenas mostra uma *semiologia cadavérica*, mas anuncia uma *política oficial de extermínio*. As Unidades de Polícia Pacificadora (UPP) são emblemáticas também. São bases militares cravadas apenas em favelas, sobretudo naquelas próximas aos bairros nobres da Zona Sul. Aliás, que tenhamos uma polícia *militar* é algo absolutamente sintomático.

O movimento preto y o feminismo preto também vêm levantando discussões importantes que nos fazem ver as relações íntimas entre democracia, violência e ilegalidade. Como se não bastasse o Estado brasileiro não ter criado nenhuma política pública para incorporar dignamente a população preta recém "liberta" nos processos produtivos,[23]

---

23   Se pensarmos em termos de *reparação*, as coisas ficam ainda piores. Nenhum processo de reparação concreta foi levado a cabo em nenhum país que participou dos horrores da escravidão. Nunca se ressarciu a extração de mais-valia absoluta, "a expropriação do valor total produzido pelo trabalho escravo" (Ferreira da Silva, 2019, p. 90). Nenhuma das milhões de vidas ceifadas pelo regime escravista colonial foi devidamente *justiçada*, ética e economicamente. As terras roubadas nunca foram devolvidas. Os recursos ambientais saqueados nunca foram ressarcidos. Os povos nativos e escravizados (da África y das Américas) nunca foram indenizados pelos danos corporais e ontossubjetivos provocados pela escravidão e pelo colonialismo. Não existe, aliás, segundo Ferreira da Silva, uma forma de iniciar esse justiçamento anticolonial sem que se passe, necessariamente, pela abolição completa desse mundo colonial que continua y se atualiza no presente.

com acesso à renda e à terra, ele se limitou a adotar duas políticas de ataque a essa população – aliás, duas políticas que atualmente parecem estar sendo agravadas. Em primeiro lugar, temos o extermínio da população preta, sobretudo dos homens cisgêneros jovens. De jovens que trabalham no tráfico (que não são a ponta e o alto comando do narcotráfico global), passando por crianças saindo das escolas em favelas e por vereadoras, como Marielle Franco, as políticas oficiais do Estado colonial brasileiro olham a sua população preta através da mira de uma Glock; com o dedo no gatilho. *E quando não é o caixão é a cela!* O encarceramento em massa da população preta é uma política oficial do Estado. 64% dos presos do Brasil são pretos. Flagrantes forjados, julgamentos às pressas, sem advogados, com júri comprado; a população preta – y as pessoas racializadas em geral – está à mercê dos arbítrios racistas e totalitários de um sistema jurídico racista. Lembremos de Rafael Braga, preso e condenado nas manifestações de 2013 por portar uma garrafa de Pinho Sol.

O que parece estar acontecendo nos últimos anos é que a maquinaria do Estado tem apontado as suas armas para alvos mais ~~inusitados~~. Em 2016 tivemos o *impeachment* ilegal da presidenta Dilma, em função das pedaladas fiscais; um golpe parlamentar que foi concluído, lembremos, quando Michel Temer, seu vice, assumiu o governo. Em 2018, dia 7 de abril, tivemos a prisão ilegal de Lula, acusado sem provas de receber um apartamento triplex em Santos como propina.

Violência e ilegalidade parecem cada vez mais se *con*fundir na maquinaria colonial do Estado que, mais do que nunca, toma seu partido na guerra civil interior à democracia brasileira. Isso tudo é um enorme *laboratório de guerra* da nova fase predatória e mórbida do *neo*colonialismo (neoliberal). E grande parte da população *deseja ardentemente* esse processo, com todas as suas contradições e bizarrices.

as novas políticas do armamento

em 16 de fevereiro de 2018, Michel Temer, na surdina, assinou o decreto 9.288, que autorizava a intervenção militar no estado do Rio de Janeiro, nomeando como interventor o general do exército Walter Sousa Braga Netto – o mesmo responsável pelas ações desastrosas nas Olimpíadas do Rio de 2016. Em outubro de 2018, Jair Bolsonaro ganhou as eleições presidenciais do Brasil sem fazer praticamente nenhum debate público e tendo como única proposta concreta a legalização das armas e o armamento do "cidadão de bem".

Temos aí dois capítulos da nossa *história colonial* recente, em que o acirramento dos conflitos sociais (raça, classe, gênero, espiritualidade...) vem ganhando cada vez mais os contornos de uma *guerra civil*.

Mas esse fenômeno da guerra civil, por sua vez, não é recente. Alguns grupos sociais sempre viveram sob a mira de um revólver, rodeados por medo y perseguição, violência, estupro e assassinatos, em uma situação de *guerra não--declarada*. O povo preto das favelas e periferias, bem como os povos indígenas, convive há muito tempo com a violência de Estado, operações policiais e intervenções militares, balas perdidas, execuções sumárias, estupros, extorsões, toques de recolher, intimidações físicas, terror psicológico, envenenamentos, rasantes de helicópteros e, em última instância, com a própria morte.

De 27 de fevereiro a 10 de março de 1987 realizou-se a *Operação Tarântula* na cidade de São Paulo, criada por iniciativa própria da polícia civil, com o intuito de prender e assassinar travestis que se prostituiam no centro da cidade. Dezenas de travestis foram presas e várias outras foram assassinadas. Algumas, para fugir da polícia, se cortavam, pois assim, os policiais com medo de contrair o vírus HIV, tinham medo de encostar nelas. Aliás, que as travestis já estejam armadas, com suas giletes y canivetes, *desde sempre*, não é apenas sintomático, mas deve ser entendido como um momento e uma *elaboração ético-política da guerra civil*.

E mesmo assim, ainda hoje as travestis seguem sendo assassinadas – como no já conhecido caso de Dandara –, tendo uma expectativa de vida de 35 anos. E o povo preto ainda segue sendo assassinado, como no caso do Mestre Moa do Katendê, assassinado por partidários de Bolsonaro logo após o 1º turno da eleição de 2018. O assassinato é cada vez mais uma ferramenta de gestão pública dos conflitos neocoloniais, quer seja pelas mãos do Estado ou não, quer seja assumido ou não. "Atualmente só existe assassinato, quer seja condenado, perdoado ou, mais frequentemente, negado" (Tiqqun, 2010, p. 188).

Entretanto, essa guerra não se configura apenas no confronto armado e no assassinato do corpo. Ela é também, e antes de tudo, uma *guerra onto-lógica e subjetiva*, pois são também os diferentes modos do ser e da psique que estão sendo alvos do cálculo político. "Guerra civil é o jogo livre das formas-de-vida. [...] Guerra porque, em cada jogo entre as formas-de-vida, a possibilidade de um confronto feroz – a possibilidade da violência – não está descartada. Civil, então, porque o confronto entre as formas-de-vida não é igual ao confronto entre Estados – uma coincidência entre população e território -, mas igual ao confronto entre partidos, no sentido que essa palavra tinha antes do advento do Estado moderno" (Tiqqun, 2010, p. 32-3).

Nos últimos anos a *conflitividade social* que tem tomado conta do nosso cenário político tem sido atravessada por essa *guerra ontossubjetiva* com seus múltiplos estratos, isto é, ela tem tomado a forma de um conflito entre as diferentes formas-de-vida. Os ataques aos terreiros de religiões de matriz africana, a PEC da cura gay, os ataques que o movimento Escola Sem Homofobia sofreu, a perseguição aos professores levada a cabo pelo projeto Escola Sem Partido, o fechamento da (problemática, para dizer o mínimo) exposição *Queer Museu* e a própria eleição de Bolsonaro se configuram como uma nova modulação da guerra colonial entre formas-de-vida: *guerra ontossubjetiva.* Nesse sentido, é absolutamente necessária uma reavaliação política dos conflitos sociais. "Temos necessidade de uma redefinição da conflituosidade histórica que não é intelectual, é vital [...] a luta de classes. Essa definição não funciona mais. [...] A conflituosidade histórica não opõe mais dois grandes aglomerados molares, duas classes, os explorados e os exploradores..." (Tiqqun, 2014, p. 11). Não se trata de negar a luta de classes, mas de entender que as lutas contra as múltiplas estruturas do mundo colonial (raça, etnia, gênero, sexualidade, religiosidade, origem geopolítica) tomaram uma proporção tão grande que um processo insurrecionário pode ser gestado a partir de qualquer ponto desse tecido político.

Portanto, a reconfiguração da guerra colonial no Brasil contemporâneo se dá no conflito acirrado entre as diferentes modulações de formas-de-vida que, de infinitas maneiras, se opõem ou reiteram a sua ordem.

Antes de avançarmos, então, proponho 3 reflexões urgentes a respeito do fascismo.

fascista é mato! a colonização continua por outros nomes

o fascismo é molecular

primeiramente, entendo o fascismo, aqui, como uma modulação y atualização da violência colonial. o fascismo que ressurge agora, sobretudo esse fascismo à brasileira, revela como o fascismo não se confunde mais com o seu núcleo duro, o fascismo clássico europeu, fascismo de Estado, o de Mussolini e o nazismo de Hitler. "Mas o fascismo é inseparável de focos moleculares que pululam e saltam de um ponto para outro, em interação, antes de ressoar todos juntos no Estado nazista. Fascismo rural e fascismo de cidade ou de bairro, fascismo jovem ou fascismo veterano, fascismo de direita e de esquerda, de casal, de família, de escola ou de escritório" (Deleuze e Guattari, 2007, p. 275). Dos neopentencostais aos bolsonaristas, passando pelos grupos de whatsapp e pobres de direita, dos militares à classe média emergente, o que vemos são as diferentes modulações do fascismo que não se reduzem ao fascismo de Estado: fascismo religioso, fascismo de família, fascismo de gênero. colonialismos, portanto.

o fascismo se encruzilha

o fascismo não é simplesmente heterogêneo e microfísico. Essas diferentes camadas ou esferas do fascismo constantemente se sobrepõem numa mesma existência. As eleições de 2018 mostraram isso e, certamente, os diferentes tipos que compõem o eleitorado de Bolsonaro constatam esse ponto. Seus eleitores (mais fiéis) são os mesmos que defendem a volta de um regime militar ditatorial, os mesmos que defendem um Estado teocrático cristão, os que defendem o binarismo de gênero e a heterossexualidade compulsória, que combatem a luta antirracista e defendem a supremacia branca, que se opõem aos direitos dos quilombolas y dos povos indígenas, que negam o direito ao aborto e a luta das mulheres por igualdade sócio-econômica: militarismo, intolerância religiosa, cissexismo, heterossexismo, racismo, etnocentrismo e misoginia se cruzam nos diferentes protótipos neofascistas: os *bolsonaristas.*

o fascismo opera através do desejo

durante a fase final das eleições e/u pude perceber muitas pessoas lutando para "virar votos" e se saturando logo em seguida em função da pouca maleabilidade dos bolsonaristas nas *políticas da escuta* y do diálogo. Não por menos, em seguida, a busca pela virada migrou para os nulos e indecisos: os bolsonaristas foram deixados de lado. Isso se dava porque a estratégia de virar votos era essencialmente discursiva. Como o fascismo passa mais pelo campo desejante do que pelo campo da racionalidade, as estratégias argumentativas não tocavam o núcleo onto-lógico e subjetivo dos bolsonaristas. "Nunca Reich mostra-se maior pensador do que quando recusa invocar o desconhecimento ou a ilusão das massas para explicar o fascismo, e exige uma explicação pelo desejo, em termos de desejo: não, as massas não foram enganadas, elas desejaram o fascismo num certo momento, em determinadas circunstâncias, e é isso que é necessário explicar, essa perversão do desejo gregário." (Deleuze e Guattari, 2010, p. 47). E mais à frente eles continuam: "Hitler dava tesão nos fascistas. As bandeiras, as nações, os exércitos e os bancos dão tesão em muita gente. Uma máquina revolucionária nada é enquanto não adquirir pelo menos tanta potência de corte e de fluxo quanto essas máquinas coercivas" (p. 386-7).

Daí, seguem-se duas conclusões. A primeira: fascistas convictos movem-se politicamente por uma *política da não--escuta* em relação aos seus adversários, isto é, *o fascismo é a morte do diálogo.* Por isso o anarquista espanhol Buenaventura Durruti dizia "O fascismo não se debate. Se destrói!". Pois o fascista não quer que você fale, tampouco quer te ouvir. Como uma criança que abaixa a cabeça, cerra os olhos, tampa os ouvidos e faz "lalala trrrrr trrrr lalala" para não ser afetada de nenhum modo pelo adversário, o fascista também se blinda do diálogo. Essa não-escuta se deve, além disso, a um narcisismo frágil: eles parecem saber, bem no fundo, mesmo não querendo acreditar, que suas ideias não se sustentam, lógica e eticamente, e não querem ver seus ideiais se desmancharem como um castelo de areia diante de si. Talvez por isso Bolsonaro também tenha optado por não ir aos debates, talvez por isso também os bolsonaristas se escondem na internet e se comunicam apenas por frases esvaziadas e imbecis como "b17", "é melhor Jair se acostumando" e "Bolsonaro presidente"! A segunda: para fazer frente a esse desejo fascista, é preciso agenciar um desejo anti-fascista de igual ou maior força na tentativa de tocar o núcleo ontodesejante dos fascistas. O que não é fácil, e tampouco possui uma fórmula. É preciso experimentar.

Entretanto, essa explicação da conflituosidade do presente somente pelas vias do fascismo não é o suficiente. É importante compreender o fascismo como uma variação da estrutura colonial do mundo, como a sua reatualização. A colonização não acabou. Essa análise, entretanto, apenas se anuncia.

esgotamentos: niilismo à brasileira

Mais ou menos por todos os cantos farejamos os sinais de esgotamento, nos ônibus lotados, nos corredores das universidades, nas repartições publicas, nas biqueiras, nos bares e botecos, nas praças de alimentação dos shoppings, nos diretórios acadêmicos, nas fábricas e no campo. "Já chega" – "Muda Brasil!" – "O Brasil me obriga a beber" – "Não é alcoolismo se você vive no Brasil" – "Queria estar morta" – "Acordei e não recomendo" – "Meteoro para presidente" – "Nibiru". Em tudo isso é o *desejo do fim* que se anuncia. Nietzsche já previa esse momento, até então europeu, que se anunciava desde sua época.

O *niilismo* bate à nossa porta. Respiramos seu *ar*. E o *pathos* do niilismo é mobilizado, não se enganem! O poder colonial sob sua forma fascista modula o niilismo. Ele não só quer reinstaurar uma ordem totalitária, despedaçando corpos, arrebentando-os. Ele quer moer os espíritos, saturar as forças vitais, devastar onto-logias e esvaziar os ajuntamentos revoltosos. O fascismo não quer somente matar os corpos abjetos que ousam sair às ruas, quer que esses corpos tenham medo de sair, que desejem não sair. Um corpo esgotado, saturado de afetos tristes, é um corpo dócil, um ~~corpo~~ fácil de ser manipulado ou eliminado.

A catástrofe não está chegando, ela já está aqui. Estamos em meio às ruínas. É preciso *atravessar* o deserto niilista, tal como Nietzsche, que dizia ser "o primeiro niilista consumado da Europa, que, todavia, já viveu, ele mesmo, o niilismo em si até o fim – que o tem atrás de si, abaixo de si, fora de si..." (Nietzsche, 2011, p. 23). Mas o que são as palavras de Nietzsche no inferno colonial necropolítico chamado Brasil, não é mesmo?

O que conto é a história dos dois próximos séculos. Descrevo o que vem, o que não pode mais vir de outro modo: o advento do niilismo. Essa história já pode ser contada agora. Esse futuro anuncia-se em cem sinais, esse destino anuncia-se por toda a parte. Toda a nossa cultura europeia move-se já, desde há muito, com a tortura de uma tensão, que cresce de década à década, como se estivesse encaminhando-se para uma catástrofe: inquieta, violenta, precipitada: como uma correnteza que anseia por chegar ao fim e que não mais se lembra, tem medo de lembrar-se.
– Nietzsche (2011, p. 23).

radicalizando a ofensiva anticolonial – algumas intuições

intensificar as amizades

"Entre os extremos da comunidade e da hostilidade encontra-se a amizade e a inimizade. Amizade e inimizade são conceitos ético-políticos" (Tiqqun, 2010, p. 53). As eleições de 2018 corroboram este ponto. Nunca se desfizeram tantas amizades y nunca se renovaram tantos laços quanto nesse processo eleitoral recente. A amizade, no contexto da guerra civil, tem se tornado o laço sexual y afetivo mais potente, tem se tornado o próprio momento de reelaboração dessa guerra.

A esse processo, Tiqqun dá o nome de *Partido Imaginário* ou *Comitê Invisível*, e é nesse sentido que, através da amizade precisamos construir o part/ido. "Construir o Partido, de agora em diante, quer dizer estabelecer as formas de vida em suas diferenças. Intensificar, complexificar as relações entre elas, e elaborar entre nós a guerra civil da maneira mais sutil possível" (Tiqqun, 2014, p. 12).

ajuntem-se

Nas salas de aula, numa orgia, em manifestações, em saraus y *Slams*, na minha casa ou na sua, aqui nessa sala, em um centro acadêmico, na praça Roosevelt, num treino de autodefesa, no Arouche, numa ação clandestina pela madrugada... precisamos nos ajuntar, pois é no ajuntamento que trocamos afeto, aumentamos nossas forças y reelaboramos a guerra civil de um ponto de vista ético e *ontográfico*. ajuntamento como uma forma de ex/orbitar o encontro. "Assim, organizar o Partido não se coloca mais em termos de organização, mas em termos de circulação [...] somente a intensificação e a elaboração de encontros entre nós podem contribuir para o processo de polarização ética e para a construção do Partido" (Tiqqun, 2014, p. 13).

fortalecer a autodefesa, retomar a violência

recentemente, ao dar uma aula de autodefesa para mulheres cis e lgbtqia, pude perceber como o *a/prender* e *com/partilhar* técnicas de autodefesa é um momento importante da nossa *reelaboração ético-ontográfica da guerra civil*. Pude perceber como nossos corpos são desengonçados e desajeitados para lidar com a força e com a violência, pois a violência é algo que, numa direção específica, nos foi tirado. Mas pude ver também que ela pode ser retomada e reaprendida, que pode ser usada para fortalecer nossa posição na guerra, atuando no nível molecular, dos músculos e na liberação de endorfina, nos dando êxtase e alegria, no campo afetivo e subjetivo, nos dando confiança e poder. "Para nós, em última instância, a violência é o que nos foi tomado e, atualmente, aquilo que devemos tomar de volta" (Tiqqun, 2010, p. 35). Não apenas tomar a violência, mas criar ajuntamentos através dos quais ela possa circular, potencializando outros corpos e criando conexões entre eles.

"Reapropriação da violência: comunização das técnicas de combate, formação de forças de autodefesa, armamento" (Tiqqun, 2014, p. 73). A contrarrevolução preventiva já começou, há pelo menos 2 anos. Para *outres*, a *devastação ontogeográfica* já dura séculos. Precisamos, ao mesmo tempo, criar espaços y dinâmicas de cura e armar ataques y ofensivas. autodefesa também é cuidado afetivo e emocional; dar conta das questões do amar, sofrer y curar. Entretanto, não tenho receitas, isso são apenas intuições. *experimentem*!

reescrevendo as políticas da escuta: colonialismo y reparação nos meios insurrecionários[24]

advertência

este texto é estranho em sua forma porque reflete as inquietações que m/e atravessam, redobrando-as. Ele é irregular em seu ritmo. Seu trajeto não segue os traçados da linearidade. e/u não tentei *exorcizar* essas inquietações, ao contrário, tentei **incorporá-las**, fazer delas um lugar habitável. Essa é a *situação* da qual e/u *parto* e a partir dela e/u me esforço em fazer as coisas *part/irem*. Esse texto não é um chamado, mas um gesto na direção de com*partilhar* meus afetos inquietos e fazer da própria inquietação um arquivo que possa contribuir epistêmica, ética e ontopoliticamente para criarmos novas formas de habitar a guerra colonial. Essas inquietações não se enunciam, elas são aquilo que se inscrevem nas linhas da textualidade que se segue. e/u não pretendo oferecer respostas, mas compartilhar questionamentos.

políticas da escuta: oi, alô?

"Isto é um chamado. Isto é, dirige-se àqueles que podem ouvir". (Anônimo, 2009, p. 31; 2019, p. 99). A abertura de *L'Appel (O chamado)* é um chamado, uma in-vocação a novas

---

24 Uma versão menor deste texto foi apresentada na mesa *Biblioteca de Motins: Leituras para Incendiar o País*, na Feira Literária Independente de Paraty (FLIPEI), em 13.jul.2019.

formas de escutar, ou de ler, a novas formas de direcionar a voz ou a escrita. ok. O texto caminha, supostamente, na direção de abalar o primado *sacerdotal* da comunicação europeia, cujo *sacerdotismo de esquerda* seria apenas uma de suas variações. O sacerdote é aquele que possui a palavra revelada, que detém *o* caminho da salvação, e que deve espalhá-la ao vento de modo a conseguir *aumentar* o seu rebanho. O sacerdote é, portanto, um colonizador! Por isso sua linguagem deve ser universal. Isto é, por isso ele deve *impor* sua linguagem! Os *L'Appel*istas recusam-se a endereçar o seu chamado a um destinatário universal e abstrato e recusam-se a meramente aumentar sua audiência. Ao contrário, eles parecem destinar seu chamado àqueles cuja escuta *já está afetada* por uma certa sensibilidade ético-política. Mas o que significa *"poder ouvir"*, aqui? E quem são aqueles que *já* podem ouvir? Em contrapartida, quem são aqueles que, sem ser, também, meros agentes do que eles chamam de "liberalismo existencial", *não escutam* esse chamado? E quem são, por sua vez, aqueles que os *L'Appel*istas escutaram para produzir esse chamado? Quais eram os seus gêneros, suas racialidades, a sua origem geopolítica, a sua língua de nascimento? Será esse chamado uma mera ligação esquizofrênica (no seu sentido normativo) entre uma voz que ouve vozes (a variação do mesmo)? Quais *línguas* se falam entre emissário e destinatário, aqui? Existe uma preocupação com as relações que se estabelecem entre as diferentes línguas? Existe uma *política da tradução*, aqui? Seria o chamado *L'Appel*ista apenas mais uma variação do primado sacerdotal que eles estariam, em princípio, problematizando?

Quaisquer que sejam as respostas dessas perguntas, uma questão permanece central: a *necessidade radical de se repensar as políticas da escuta/leitura*; de aterrá-las nas posicionalidades ontopolíticas que ocupamos. Escutar/ler, ao fim, diz respeito a estar *sensível para receber* certos estímulos comunicativos. Escutar/ler diz respeito a um estado de sensibilidade, uma *capacidade de ser afetado.*

Este texto, o *m/eu* texto, vem, em primeiro lugar, de um convite. É, assim, uma resposta, uma resposta a um chamado. Não acredito que esses *francesinhos* mereceriam, de boa y espontânea vontade, um texto assim endereçado. e/u não me endereço a eles. E "francesinhos", aqui, funciona como uma estratégia onto-epistêmica, e não como um mero marcador de pertencimento geopolítico e de gênero – homem de origem francesa.

Este texto, portanto, apesar de articular questões colocadas pelo texto *L'Appel*, não é um diálogo como seus autores, minha fala/escrita não lhes é endereçada, independente de quem sejam, mas antes, um diálogo com seus leitores, sobretudo os que se situam nas margens geopolíticas do capitalismo colonial global, e ainda mais especificamente, um diálogo com seus leitores que se localizam no Brasil, nas margens do Brasil.

As traduções de *Tiqqun, Comitê Invisível* e outros textos, que possuem assinaturas diferentes mas que ainda marcam uma proximidade com esses escritos, têm circulado sob a forma de panfletos, fanzines e textos de blogs no Brasil há pelo menos 10 anos, mas de alguns anos pra cá, com a sua publicação em editoras relativamente grandes, esses textos têm circulado mais e vêm ganhando um público mais amplo. São textos importantes e ricos do ponto de vista ético-político, mas que, em função da grande ovação com que vêm sendo recebidos (sintoma já de um colonialismo epistêmico), sobretudo estimulado pelas suas editoras e suas demandas mercadológicas, têm sido blindados de uma leitura sensível a problematizações e preocupada em estabelecer os limites cada vez mais insuportáveis dessa teorização *francezinha* na precariedade do solo "latino-americano" e "brasileiro". Nesse sentido, pretendo não somente estabelecer um diálogo com os leitores/ouvintes do *L'Appel*, destacando os limites das suas teorizações em contextos não-europeus, mas, ao fazer isso, tento levantar algumas questões mais amplas sobre *colonização onto-epistemológica* e sobre as *geopolíticas da escuta/leitura*.

a catástrofe: péra, mas de qual catástrofe vocês tão falando?

se toda ligação ou chamada, enquanto um ato de comunicação, visa comunicar algo, um signo, um afeto, uma força, em *L'Appel* isso não pode ser diferente. Eles comunicam um diagnóstico: vivemos uma catástrofe. Uma catástrofe cujo conteúdo semiológico é uma contradição insolúvel: habitar o inabitável. "A catástrofe do presente é a de um mundo convertido ativamente em inabitável. Uma espécie de estrago metódico sobre tudo que restava de vivível na relação entre os humanos e seus mundos" (Anônimo, 2009, p. 52; 2019, p. 18). Apesar desse processo ser relativamente longo, e os próprios *L'Appel*istas parecem reconhecer isso, a catástrofe a qual eles se referem no texto é recente: o aprofundamento biopolítico do capitalismo neoliberal global.

Entretanto, se temos um ouvido um pouco mais *sensível* para outras vozes, ouviremos que, para algumas, a catástrofe existe pelo menos desde o século XV. Isso também se lê. Nesse sentido, se estamos traçando estratégias para resistir a uma catástrofe, uma catástrofe que é a destruição da relação entre as pessoas y seus mundos, me parece que teríamos muito a aprender com a máquina de guerra dos múltiplos povos indígenas e com o aquilombamento preto y afrodiaspórico. Assim, vale problematizar a constituição dos nossos arquivos e de nossos marcos históricos de resistência e de como eles vêm sendo colonizados por uma demanda eurocêntrica que, ao fim, oblitera nossa geo-história e abala nossa resistência. Por que temos lido mais Friedrich Nietzsche e Michel Foucault para pensar deserção, ao passo que não lemos Frederick Douglass, e Harriet Ann-Jacobs? Por que não lemos Octavia Butler ou Conceição Evaristo, ou Davi Kopenawa e Ailton Krenak, se estamos talhando uma imaginação radical para construir estratégias político-afetivas y ecossociais para habitar mundos inabitáveis? Por que nossos marcos históricos de resistência não são a Cabanagem (1835-40), a Revolta dos Malês (1835), a Balaiada (1838-41) e a Guerra de Canudos (1896-7), se estamos pensando na construção de estratégias combativas frente a regimes de poder e controle em todos os níveis? Por que não lemos Abdias Nascimento, se estamos pensando em formas de reinventar o comunitarismo em meio à guerra? E é nesse sentido preciso que podemos ouvir como as geopolíticas da escuta são atravessadas pela surdez do supremacismo branco e do eurocentrismo enquanto matriz epistêmica e enquanto cosmovisão. y aí mesmo, já não tem mais um "nós" abstrato. Certamente, aqui, não se trata de "escolhas" ou de meramente substituir um arquivo por outro. e/u me recuso a ter de fazer escolhas aqui, a escolher entre dois lados, a ter a complexidade dessa questão reduzida à lógica binária do 'ou isso ou aquilo'. Trata-se, mais profundamente, de questionar a *geopolítica colonial da escuta* que nos faz saber mais sobre a Revolta de Stonewall do que sobre a resistência trans frente à Operação Tarântula, saber mais sobre o Maio de 68 do que sobre a luta antifascista de 69 durante a Ditadura Militar, saber mais sobre os expropriadores anarquistas da Espanha pré-revolucionária do que sobre o banditismo comunitarista dos Cangaceiros. Trata-se aqui de problematizar o *peso* político-epistemológico que se dá a certos **arquivos** em detrimento de *outros*. Trata-se também de reconfigurar a constituição dessa balança historicamente assimétrica.

Trata-se de começar a dar mais peso para as *escritas* soterradas, para as vozes que se deparam com *ouvidos* ensurdecidos pela branquitude, para os **arquivos** ab*negados*.

reparações

se os seus ancestrais não contribuíram, direta ou indiretamente, com o saque e pilhagem de terras y recursos naturais e com a extração de mais-valia absoluta a partir da exploração do tráfico e do trabalho escravo de pretes e indígenas que ocorreu nas chamadas Américas e em outras partes do globo, quer seja desempenhando o papel de classe dirigente que planejou, quer seja no papel das classes subalternas que fizeram o trabalho braçal, de qualquer forma, os habitantes da Europa, e os francesinhos do *L'Appel* inclusos, os europeus e estadunidenses assim legalmente reconhecidos e muitos de seus descendentes nas "ex-colônias", usufruem hoje de privilégios sócio-econômicos y existenciais adquiridos nesse contexto de violência colonial e racista. Nesse sentido, não só é necessário – sobretudo para os corpos e coletivos que se opõem a essa forma de organizar geografias e "ontologias" – que se localizem os posicionamentos geopolíticos que estão a ser ocupados no momento mesmo da enunciação, evidenciando as diferenças e assimetrias, como é necessário se engajar materialmente nos processos de *reparação* geo-históricos, processo no qual, nas reconfigurações espaço-temporais da colonização, ou colhemos os privilégios ou sofremos as consequências. Isso implica afirmar que os processos de *reparação* precisam ser incluídos como estratégias geopolíticas da luta contra o capitalismo global e o neocolonialismo. E penso, aqui, evidentemente, na dimensão econômica da reparação. "A questão não é viver com ou sem dinheiro, roubar ou comprar, trabalhar ou não, mas utilizar o dinheiro que temos para aumentar nossa autonomia em relação à esfera mercantil" (2009, p, 55; 2019, p 118). É preciso aprofundar esse debate. A questão não é só utilizar o dinheiro para criar autonomia em relação à esfera mercantil, mas *redistribuir* o dinheiro de modo a reparar as desigualdades coloniais, raciais, de gênero/sexualidade e capitalistas, ainda que no âmbito micropolítico. E claro que sabemos que essa reparação deve ser feita no âmbito macropolítico, estrutural. Não devemos nos contentar com doações individuais de brancos europeus ou euro-descendentes, mas, através de um processo anticolonial, devemos expropriar as toneladas de ouro roubados das Minas de Potosí e das Minas Gerais que ornam até hoje as fúnebres catedrais europeias. Nesse sentido, a reparação anticolonial do mundo demanda a sua desfeitura completa! Mas, em contrapartida, não devemos esperar até que mudanças estruturais criadas a partir de levantes anticoloniais generalizados aconteçam para darmos início a processos de reparação. Sobretudo em meios que se pretendem revolucionários e insurrecionários. Por que não temos coletivos anticapitalistas dos países colonizadores organizando distribuição sistemática de livros e materiais revolucionários para movimentos sociais das periferias do capitalismo colonial global? Por que não existe uma doação de dinheiro constante e sistemática num fluxo norte-sul para financiar a luta insurrecionária do sul global? Ou por que a própria esquerda revolucionária dos países periféricos do capitalismo colonial global não redistribui os seus privilégios? Que tipo de solidariedade revolucionária vem sendo construída até aqui? Qual o engajamento ético-político que a esquerda revolucionária e os insurrecionários privilegiados vêm travando até aqui com aqueles corpos que habitam a pobreza e a miséria, que habitam a periferia do capitalismo colonial global, que habitam as margens da sexualidade, do gênero, da raça, que habitam as espiritualidades e religiosidades perseguidas, demonizadas? Por quê? Ora essa, sabemos bem a respota... A quem *vocês* estão ouvindo? Oi, alô? É do partido da insurreição? Esquerda revolucionária, é você? Alô? *De agora em diante, não acreditamos mais em solidariedade revolucionária que não seja acompanhada de reparações materiais.* Se ubiquem!

conter, contex-tualizar as estratégias

o imperativo colonial de uma escuta irrestrita a produções políticas e epistemológicas vindas de contextos euro-descendentes produz efeitos devastadores nas lutas revolucionárias feitas *desde aká*. Nesse sentido precisamos não apenas *contextualizar* as estratégias de luta *gringas*, mas, mais profundamente, *conter* essa escuta irrestrita que se faz das produções vindas dos países neocolonizadores.

Trago dois exemplos nessa direção. O primeiro: "Pular a catraca no metrô, roubar supermercados são praticas cotidianas de milhares de pessoas nas metrópoles. Existem ilegalismos mais funcionais que outros no sistema-mundo capitalista. Existem os que são tolerados, os que são fomentados e, finalmente, aqueles que são castigados" (Anônimo, 2009, p. 54; 2019, p. 117). Impossível não lembrar aqui como a geopolítica da violência colonial é marcada por uma diferença de natureza e intensidade nos usos da violência para conter os ilegalismos. O caso do jovem preto Pedro Gonzaga, assassinado no supermercado Extra da Barra da Tijuca no Rio, em 2019, acusado de um suposto furto, é emblemático. Tendo em vista esse caso de racismo colonial, como não *pensar* esses ilegalismos como um mero privilégio euro--branco que mal faz cócegas ao capitalismo e que nem sequer toca as suas estruturas raciais e coloniais? A importação irresponsável de estratégias euro-brancas pode nos custar vidas. Segundo: "Em nossas condições de existências que nos mutilam, encontramos as ocupações, ou melhor, a cena internacional das ocupações" (Anônimo, 2009, p. 70; 2019, p. 130). Enquanto as ocupações europeias viram projetos sociais apoiados pelo Estado, as ocupações "brasileiras" e *sudakas* são desalojadas às 5 horas da manhã com bombas de efeito moral, gás de pimenta e prisões arbitrárias. Lembremos do Chile, que teve mais de 50 ocupações desalojadas em menos de 1 ano depois da morte do militante anarquista Mauricio Morales, no que ficou conhecido como "Caso Bombas" (2009), ou do Rio de Janeiro que teve a Quilombo das Guerreiras, a Flor do Asfalto, a Machado de Assis, a Zumbi e tantas outras ocupações sociais de moradia popular desalojadas através de operações criminosas orquestradas violentamente pelo Estado, no curso das preparações e da realização dos Jogos Olímpicos (2014). Não se trata aqui de negar o uso das estratégias gringas, mas de submetê-las às possibilidades e limites que os diferentes contextos ontogeográficos inscrevem. E, certamente, tampouco se trata de *afirmar* que o roubo informal ou as estratégias de ocupação de propriedade são privilégios de europeus ou euro-descendentes. O que se problematiza aqui é que as estruturas punitivas da polícia e dos tribunais são diferentes em ambos os contextos, e que a transposição irrefletida de estratégias de ambos os lados pode ter consequências políticas desastrosas.

Precisamos repensar as nossas políticas da escuta. e/u tô falando/escrevendo uns babados aqui. Tem uma galera *desde aka* falando/escrevendo uns babados, já há um tempo. Há bastante tempo! ... uma cota. Oi, alô? Insurrecionários? Cês tão... ouvindo? inúmeros pensadores y combatentes da luta anticolonial têm, há muito tempo, marcado a necessidade incontornável d... Alô? Oi, esquerda revolucionária? A ligação tá r... Vocês... me ouvindo? Alô? e/u acho que... Alô?...

aqueerlombamentos: deserção y comunitarismo preto y gênero dissidente[25]

queerências espectrais

nos últimos três anos, temos assistido a um recrudescimento tanto das narrativas quanto de práticas concretas do neocolonialismo brasileiro. Um cinismo discursivo cada vez menos dissimulado no que diz respeito ao aumento galopante da violência e do terror neocoronelista é o que brota cada vez mais por toda a parte como sintoma de uma *época* em crise, *assombrada* pela presença estranha de antigos fantasmas e *abalada* pela força disruptiva de novos ajuntamentos. Brasil: o país que mais mata travestis, o país do genocídio do povo preto. Os números falam por si e, ainda assim, não dizem o suficiente. Mas o que se antevê, no silêncio inscrito pelos números, é mais do que um enigma da confusão. É preciso ler o caos que uma época estremecida, descarrilhada, necessariamente inscreve. A violência y o horror deixa cada vez mais de ser um fenômeno de margem, de marginalidade, ainda que seja a marginalidade que experimente esse fenômeno na sua intensidade mais brutal y crua. Um ex-presidente é encarcerado aqui, as famílias ricas de Higienópolis respiram restos de seres mortos carbonizados pelo incêndio da floresta amazônica ali. *Tá todo mundo se fodendo*! Na prisão ou numa

---

25   Uma versão inicial deste texto foi apresentada no encontro *Capturas Neo-coloniais e Insurgências*, em 19.set.2019, na PUC-SP. Essa versão também foi publicada sob o título *"aqueerlombamentos: as novas políticas do comunitarismo y da deserção lgbtqia preta"* pela N-1 Edições em 2020, na coleção Abebe – Caixa Pretas, organizada por tatiana nascimento.

mata queimada para virar pastagem, a paisagem da plantação colonial e coronelista se reatualiza. Y nas margens ela segue também se reinventando.

Janeiro de 2019, Campinas: uma travesti é assassinada e tem sem coração arrancado e, no lugar, o assassino transfóbico deposita uma estátua de uma santa. Seis de maio de 2019, favela da Maré, Rio de Janeiro: numa operação do CORE, policiais atiram com fuzis de helicópteros e jogam granadas na comunidade: oito pessoas foram mortas. Tá todo mundo se fodendo, *mas algumas pessoas se fodem mais do que outras!*

O babado tá uó, o bagulho tá louco, o mundo tá fora de compasso! A meditação de Jacques Derrida sobre uma época assombrada por fantasmas, por outros fantasmas, em *Espectros de Marx*, sobre o início do neoglobalitarismo e do discurso triunfalista do capitalismo neoliberal, me parece importante para compreendermos a reconfiguração fantasmática da paisagem neocolonial do *Brasil* contemporâneo. "*'The time is out of joint'*, o tempo está *desarticulado*, demitido, desconjuntado, deslocado, o tempo está desconcertado, consertado e desconcertado, *desordenado*, ao mesmo tempo desregrado e louco. O mundo está fora dos eixos, o mundo se encontra deportado, fora de si mesmo, desajustado" (Derrida, 1994, p. 34-5). O mundo está desajustado, desjuntado, descarrilhado porque novas, velhas, outras forças inserem-se no processo de dar passo, ritmo, junção ao mundo. y esse caos é o tempo, apesar de todas as tentativas euro-brancas de reduzi-lo à linearidade regulada. A disputa de forças que reconfiguram o passo do mundo assombra aqueles que já estavam acostumados ao passo do mundo ditado pela ordem da norma, do normal, do *nomos* (lei). Instala-se aí o paradoxo de uma *crise epocal*. E como lembra Derrida (1994, p. 150), "é necessário agudizar o paradoxo: quanto mais o novo irrompe na crise revolucionária, mais a época está em crise".

A crise desta época é provocada pela insatisfação histórica de forças com o andar do mundo ditado pela norma e, na disputa desses passos descompassados, produz-se mais insatisfação. *Esgotamentos*. Em "Desgastes (quadro de um mundo sem idade)", Derrida – relendo Marx leitor de Shakespeare, para compreender a crise e o descarrilhamento europeu – nomeia como *guerra* a disputa do passo do mundo. Guerra civil e guerra internacional. "No que diz respeito à guerra internacional, ou civil-internacional, devem ainda ser lembradas as guerras econômicas, as guerras nacionais, as guerras de minorias, o desencadeamento dos racismos e xenofobias, os confrontos étnicos, os conflitos de cultura e religião [...] Regimentos de fantasmas estão de volta, exércitos de todas as idades, camuflados nos sintomas arcaicos do paramilitarismo e do superarmamento pós-moderno" (Derrida, 1994, p. 111).

E frente a esse mundo assombrado pela crise, um mundo em guerra, existem aquelas que paralisam, aquelas que denunciam e aquelas que *se organizam*. Este texto, portanto, organiza seu passo na direção vertiginosa de mergulhar no caos e é, ele mesmo, uma reelaboração ética da conflitividade colonial contemporânea que ele deveria apenas descrever. Pretendo aqui tentar analisar as zonas-de-contato que se abrem entre pretes e lgbtqia, no que diz respeito à construção de estratégias de deserção e de práticas comunitárias, entendendo os dois fenômenos como formas diferentes, mas interligadas, de habitar a guerra colonial em curso. Este texto se abre nos retalhos do tecido mais amplo da deserção de gênero e sexualidade preta, e em tudo aquilo que faz tocar a luta das pessoas pretas e lgbtqias pela vida. *E(le)vitar* as *políticas da morte* é, antes de tudo, afirmar, desejar, querer uma outra *ética da vida*. É nessas *queerências* de vida, que não vêm de hoje e nem (só) daqui, que este texto marca seu passo, estranho, lento, leve, e(le)vitante. Essas *queerências* de vida, as minhas *queerências* de vida, passam, portanto, por *queerências* que possuem outras assinaturas, *queerências* de outras épocas e de outras regiões, *queerências* de outros seres, *queerências* espectrais. Nesse quarto, nessa mesa, eles y elas já estão circulando. A *força de vida* é, dentre outras coisas, a herança maldita da tradição de todas as gerações mortas. Essa pedagogia fantasmática da *herança* me assombra, mas e/u tento aprender com ela. Peço licença, aqui, para herdar.

quilombismo: Beatriz Nascimento y Abdias Nascimento

a violência do racismo à brasileira se apoia em muitos pontos distintos. Mas a dissimulação e o cinismo de uma dissimulação nem tão dissimulada certamente configuram um dos elementos dessa violência. Isso tem por efeito invisibilizar a violência racista ali mesmo onde ela opera, e também impedir que a violência racista denunciada entre no campo da inteligibilidade ou mesmo da legitimidade. Essa invisibilização é histórica, povoadas por *fantasmas* com rostos e nomes, ainda que es*face*lados. Abdias Nascimento nos recorda, nos traz à luz negra, que a "destruição pelo fogo dos documentos referentes ao tráfico negreiro, à escravidão, além da destruição dos instrumentos de tortura dos africanos escravizados, é parte de um plano diabólico contra a memória do africano e de seu descendente" (2019, p. 110-1). Esse incêndio da *memória* e da *história* da escravidão no Brasil, supostamente orquestrado por Ruy Barbosa em 1890, dois anos após a abolição oficial, *ainda queima*. O processo político-epistemológico de interditar os arquivos da escravidão e da luta antirracista, abolicionista e descolonial no Brasil ainda segue se atualizando e suas consequências ainda ardem. Sabemos pouco, e do pouco que sabemos precisamos também desviar de equívocos, revisionismos e distorções brancas. Seguimos nas escavações.

O quilombo é, portanto, um caso paradigmático desse esfacelamento e distorção brancos. O primeiro elemento que atesta isso é o fato do quilombo ser associado a uma imagem única e estática de agrupamento preto, geralmente ligado ao Brasil colonial. A importante historiadora e militante preta Beatriz Nascimento (2006A, p. 119) nos mostra como os *kilombos* já estavam presentes na Antiguidade africana, sendo uma estrutura complexa específica do povo Imbangala. Eles formavam um povo guerreiro, nômade, que vivia inteiramente do saque. Como não possuíam filhos, pois matavam os seus recém-nascidos, cuja criação dificultava o deslocamento e atrapalhava a atividade guerreira, a solução era adotar adolescentes das tribos derrotadas (B. Nascimento, 2006A, p. 118). Ainda segundo Beatriz Nascimento (2006A, p. 119), *kilombo* era, ao mesmo tempo, o nome dado ao ritual Imbangala de iniciação, aos próprios indivíduos Imbangalas e ao seu território de guerra; além disso: "O acampamento de escravos fugitivos, assim como quando alguns Imbangalas estavam em comércio negreiro com os portugueses, também era Kilombo". Abdias Nascimento (2019, p. 77), em contrapartida não associa o quilombo a nenhuma etnia africana específica, sendo o quilombo, para ele, parte da "tradição africana do comunitarismo agrícola".

Já os quilombos diaspóricos que se formaram no território atual do Brasil durante o período colonial escravocrata possuíram diferentes formas geo-históricas e construíram especificidades e diferenciações em relação ao modelo africano. Nesse sentido, tanto Abdias Nascimento quanto Beatriz Nascimento procuram afastar os quilombos da visão tradicional como sendo um mero agrupamento de escravos desertores, uma visão essencialmente racista e colonialista, pois reproduz o olhar exato das autoridades portuguesas durante o regime colonial, expresso na sua definição:"toda a habitação de negros fugidos que passem de cinco, em parte desprovida, ainda que não tenham ranchos levantados nem se achem pilões neles" (B. Nascimento, 2006A, p. 118).

Para Abdias Nascimento a estrutura comunitária dos quilombos não se reduz à materialidade dos territórios quilombolas. O quilombo seria para ele um *espírito* de pulsão disruptiva e comunitária expressa em todas as formas de insurreição de pretos (africanos ou da diáspora) contra o regime colonial e a supremacia euro-branca. Assim, as revoltas ogboni ocorridas na Bahia entre os anos 1807-9 (A. Nascimento, 2019, p. 74), a Revolta dos Malês em 1835 (p. 75), a Revolta dos Balaios em 1839 no Maranhão (p. 78) e a Revolução Pernambucana de 1817 (p. 80) são também expressões concretas do quilombismo tanto quanto o Quilombo das Matas de Urubu (p. 75), o Quilombo do Jabaquara (p. 76), o Quilombo do Ambrósio, o Quilombo do Campo Grande (p. 77) ou o Quilombo dos Palmares. O fato de se aplicar a pena da degola aos pretos desertores e aquilombados, a mesma aplicada aos movimentos insurrecionários ou separatistas (A. Nascimento, 2006, p. 122), mostra não só como os quilombos eram ajuntamentos com fins de garantir a sobrevivência, mas como a sua luta em si era uma luta *anticolonial*, pois, para além do seu caráter combativo, a simples fuga, ao enfraquecer a atividade escravocrata, abalava o domínio colonial português. Assim, o quilombo não possui meramente um caráter reativo, de estratégia provisória de sobrevivência e libertação, mas um caráter afirmativo, instintuinte, de práticas comunitárias expressas nas suas estruturas ético-políticas, ainda que somente por *efeito* improvisado. a totalidade histórica do quilombo, sua multiplicidade vital y existencial infinita, aliás, excede todo o texto historiográfico.

Num determinado momento do capítulo 7 de *O Quilombismo*, Abdias Nascimento faz uma longa e rica definição do projeto quilombista. Gostaria de me debruçar nela mais demoradamente, se me permitem.

O quilombismo, enquanto resposta a uma exigência vital, se articula entre aspectos negativos e positivos. É, portanto, ao mesmo tempo, uma deserção antissocial e uma construção comunitária. destruição e criação. separatismo e gregarismo. A circularidade complementar desses polos funciona como dispositivo de propulsão vital da máquina quilombista. É também uma articulação entre as dimensões eco-sociais e ético-onto-~~lógicas~~, na medida em que visa suprir as necessidades de sobrevivência orgânicas y existenciais. Existe também, segundo Abdias Nascimento, uma complementaridade, ainda que assimétrica, entre o esporádico e o permanente, articulando-se entre improviso e planejamento. Existe uma dimensão imediata na ação desertora da fuga e na ação emergencial de se construir um acampamento que passa, necessariamente, pelo improviso. Fred Moten

Este é um retrato imperfeito de uma situação mais grave, a qual tem sido realidade em todo o decorrer de nossa história. Desta realidade é que nasce a necessidade urgente do negro de defender sua sobrevivência e de assegurar sua essência de ser. Os quilombos resultaram dessa exigência vital dos africanos escravizados, no esforço de resgatar sua liberdade e dignidade através da fuga do cativeiro e da organização de uma sociedade livre. A multiplicação dos quilombos faz deles um autêntico movimento amplo e permanente. Dando a impressão de um acidente esporádico no começo, rapidamente se transformou de um improviso de emergência em metódica e constante vivência dos descendentes africanos que se recusavam à submissão, à exploração e à violência do sistema escravista. O quilombismo se estrutura em formas associativas que tanto podiam estar localizadas no seio de florestas de difícil acesso, que facilitava a também reconheceu o improviso como elemento constituinte da *tradição preta radical*, expresso na luta tanto discursiva quanto territorial. Para ele, no "dizer" (a tradição histórica da oralidade) preto se estabelece uma relação entre a "narrativa e a improvisação do seu discurso e da sua estória e, acima de tudo, da sua subjetividade", improvisação que atua, por fim, na constituição de um anti-humanismo preto, destruindo e criando o Homem,

> sua defesa e organização econômico-social própria, como também assumiram modelos de organização permitidos ou tolerados, frequentemente com ostensivas finalidades religiosas (católicas), recreativas, beneficentes, esportivas, culturais ou de auxílio mútuo. Não importam as aparências e os objetivos declarados: fundamentalmente, todas elas preencheram uma importante função social para a comunidade negra, desempenhando um papel relevante na sustentação da comunidade africana.
> – Nascimento. (2019, p. 281)

reconstituindo aí, também, "tanto os métodos quanto os objetos da ética, da epistemologia e da ontologia" (Moten, 2018, p. 42). O improviso é um elemento vital que estaria presente nas práticas da deserção, do comunitarismo e dos dizeres pretos do período colonial, mas também se afirmam na contemporaneidade, no espírito do improviso do *Jazz*, no *freestyle* do *Rap* ou do *Repente*. Assim, o quilombismo também se constrói na ralação entre passado y futuro, numa zona cinzenta que sempre se articulou na contaminação temporal e fronteiriça entre vida y morte, passado y futuro, no improviso genético y genealógico de uma ancestralidade intempestiva, desafiando toda a lógica ontohistórica da metafísica euro-branca. O trabalho de repetição, a técnica que talha e molda o estilo do improviso, acaba, ao fim, por torná-lo um elemento permanente. Uma espécie estranha de programa ou planejamento, assim, emerge do *improviso* estilizado.

aqueerlombamentos

E aí, nessas *restânças* fantasmáticas, vemos também que "o movimento quilombista está longe de haver esgotado o seu papel histórico. Está tão vivo hoje quanto no passado, pois a situação das camadas negras continua a mesma, com pequenas alterações de superfície", nos lembra Abdias Nascimento (2019, p. 284). Na medida em que quilombo não se reduz às formações geo-históricas da Antiguidade africana e nem ao Brasil colonial, ele opera como uma flecha que corta o tecido do ~~tempo~~ e do ~~espaço~~ coloniais, estabelecendo continuidades improváveis. "Quilombo não significa escravo fugido. Quilombo quer dizer reunião fraterna e livre, solidariedade, convivência, comunhão existencial" (2019, p. 289).

A partir do trabalho de Cidinha da Silva, em *Um Exu em Nova York* (2018) e em *Exuzilhar* (2019) em específico, vemos como a força de solidariedades pretas improváveis, forjadas no improviso, podem ser entendidas como uma atualização do quilombismo: uma moça preta em Nova York lhe oferece sapatos por julgar que ela precisa (da Silva, 2018, p. 14); um moço preto de perna estropiada lhe saúda numa rua vazia a noite (p. 17); após destruírem um terreiro, os dois racistas religiosos quase são atingidos por um raio, misticamente quase certeiro (p. 23); dois escravos pretes tramam um plano de deserção através da sedução da sinhá viúva pelo escravo reprodutor (p. 53-8); uma moça é liberada de um sequestro por engano porque o sequestrador acredita na sua versão após ele descobrir que ela é filha de Oxalá (2019, p. 19): pretos de Porto Alegre concluem que pretos precisam se apoiar pois se eles o não fizerem ninguém mais o fará (p. 59); o nome de Luiza Barros fazendo reverberar amor pelo povo preto da África e da Diáspora (p. 60); Sueli Carneiro convida Cidinha da Silva para viver e trabalhar em São Paulo, no início dos anos 1990. Em todos esses momentos, nesses lugares, quer seja através de olhares, saudações, de rezas, de planejamentos e conspirações, dá*vidas*, de ofertas e oferendas, o que vemos é a continuação histórica, por outros meios, do projeto *quilombista*, expresso no *espírito* improvisado da solidariedade preta, maquinado pelas mãos de uma **mulher preta sapatão.**

queerlombismo/cuirlombismo:
tatiana nascimento

e dessa cena feminina, em todos os gestos de solidariedade preta que dela brota, na força y na delicadeza desse quilombismo, chegamos ao *queerlombismo*, ao *cuirlombismo*, do *queer* com q ao *cuir* com c, aquilombado. A trilha desse caminho sinuoso, tortuoso, repleto de lacunas, descontinuidades, também improvisada, já se antevia em cem sinais. Ela nasce de um outro nascimento, de uma nascimento, dessa vez grafada no gesto feminino e feminista de *emaiuscular*[26] a patronímia e o nome próprio: tatiana nascimento, no minúsculo, é o terceiro nascimento desse quilombismo fantasmático que teima em renascer.

Ele chega sorrateiro, misterioso, como um poema curto na abertura de um livro. duas flechas que abrem *lundu*, que respondem pelo título de "marabô/achei (que) você, (estava numa) encruzilhada/(devaneigros desde meu *queerlombismo*)" (nascimento, 2016, p.7). e/u me perguntava se o que nascimento havia achado era a encruzilhada, ou talvez o próprio Exú. Talvez ela tivesse achado o caminho mesmo, o impulso vital de trilhar o caminho, de se perder e se encontrar aí. Não importa. Pois entre Exú e a encruzilhada, quem havia se perdido no caminho era e/u: e/u tinha achado o caminho do *queerlombismo*. Segui lendo o livro na busca por outras aparições suas, procurando me encontrar de novo, em outra encruzilhada, com o tal

---

26 Sobre essa questão, ver a sessão *a escrita preta de tatiana nascimento*, na parte I deste volume (p. 33-36).

queerlombismo. Apesar de vários poemas tocarem temáticas que me remetessem ao *queerlombismo*, a palavra enigmática jamais apareceu no livro novamente.

Na segunda edição de *lundu*, *queerlombismo* com q foi substituído por cuirlombismo com c. Algo se modificava. A morfografia estadunidense *queer* era substituída por sua morfografia oral do *cuír*, abrasileirado, sudakanizado, torcido de sua forma e fonética originais. Talvez um gesto para aproximar mais a deserção sexual y de gênero das paisagens da América Lat(r)ina. E era isso. Nada mais se seguiu fora essa nova grafia. Será?

Em 2019, tatiana nascimento lançou *07 notas sobre o apocalipse ou poemas para o fim do mundo* (nascimento, 2019A). Ali, de uma maneira estranha, a linha do cuirlombismo volta a tecer os retalhos da vida. Em *cuíer A.P.* (nascimento, 2019A, p. 9-11), o cuirlombismo retorna, ao menos na temática, na circularidade da força disruptiva que a deserção de gênero e a sexualidade pretas possuem, desestabilizando o sistema de valores da cis-heterossexualidade branca. A vida preta *cuír* gira suas armas numa espiral para afastar o perigo. *cuíer A.P.* talvez seja sobre autodefesa. *cuíer paradiso* (2019A, p. 15-8), em seguida, já mais sereno, sem tantas "armaduras" e refrescante como um suco de laranja ou um açaí com banana, mostra como a calmaria de uma vida simples e frugal é um privilegio da branquitude cis-heterossexual, e mostra como as utopias revolucionárias cuirlombistas podem se parecer mais com lugares de calmaria afetiva do que com paisagens belicosas de insurreições sangrentas. Em *o amor é uma tecnologia de guerra* (2019A, p. 21-3), podemos vislumbrar como um gesto mundano como o andar de mãos dadas entre amantes cuiers pretas pode ser forte y belo como a construção de laços de desejo y amor, que funcionam como a "nossa arma de guerra", técnicas político-amorosas de sobrevivência ao genocídio do povo preto e as necropolíticas lgbtqiafóbicas. Em *post-it* (2019A, p. 27-8), vemos como a resistência é imanente e como a margem sempre apresenta mais força vital do que o centro. *post-it* talvez seja, também, um poema sobre *coragem* cuirlombista. *talhos* (2019A, p. 31-2), evocando elementos da natureza, de valor espiritual para o povo preto, nos recorda que somos natureza também e que temos força pra criar e resiliência para nos refazermos frente aos golpes da vida. E em *manifesta queerlombola* (2019A, p. 35-6), vemos todo um esforço poético para extrair a negritude da imagem cis-heterossexualizada pintada pela branquitude. "viadagem/é coisa de pretx sim/queerências/é coisa de pretx sim/sapatonice/é coisa de pretx sim/transex assex bissex pansex/é coisa de pretx sim" (nascimento, 2019A, p. 35).

Por fim, depois de muitas insistências, *queerências* e pedidos, meus inclusive, tatiana nascimento *palavrou* com mais intensidade e numa outra de-morada o cuirlombismo no seu ensaio belo e fortíssimo "*cuírlombismo literário*" (2019B). aí, nascimento opera três movimentos histórico-políticos importantíssimos para repensarmos a deserção de gênero y sexual preta, para além das categorias y das narrativas coloniais. Primeiramente, nascimento procura mostrar como a Antiguidade africana, ou ao menos, como a espiritualidade/ancestralidade preta da diáspora, era povoada por *espíritos* com performatividades de gênero y sexualidades desviantes da cis-heterossexualidade colonial, presentes nos *itans*, na tradição oral e espiritual das religiões de matriz africana. Posteriormente, nascimento aposta na inventividade palavrística como estratégia vitalista de recriação ético-onto-~~lógica~~ e traça seu caminho, do quilombismo de Abdias Nascimento e Beatriz Nascimento, até a criação do seu cuírlombismo, mostrando como a literatura é uma ferramenta ontopolítica fundamental para a reconfiguração y sobrevivência da vida preta nos contextos coloniais. Por fim, nascimento busca mostrar como a poesia *cuír* preta opera como tecnologia político-terapêutica de cura, desviando dos roteiros e da mirada cis-hétero branca da dor y do denuncismo e, ao mesmo tempo, afirmando e instituindo um *cuírlombismo literário*.

aqueerlombamentos

"a parecença entre **queer** e **quilombo** sugere algo urgente a celebrar e retomar para nossas lutas", escreve tatiana nascimento (2019B, p. 4) na abertura do seu *cuírlombismo literário*. Partindo, então, dessa trilha aberta por tatiana nascimento, pretendo fazer circular algo que, talvez, não se deixe nomear por ~~hipótese~~: a outrização racial y de gênero/sexualidade, como dois elementos constitutivos da organização colonial do mundo, tem como efeitos imediatos na vida preta y gênero/ sexo desertora, a expulsão da terra e do lar, respectivamente, fazendo com que ambos tenham de re-organizar, de maneiras y com intensidades diferentes, sua vida coletiva em termos de terra y moradia. Trata-se, portanto, de uma *(não)estrutura da despossessão* como rasgo ontográfico distinto, tanto dos povos pretos[27] quanto de desertores de gênero y sexualidade.

Madame Satã (1900-1976), figura misteriosa cuja configuração desertora dos seus prazeres sexuais y performatividade de gênero nunca pôde ser capturada pelas categorizações identitárias da banquitude colonial, ancestral que re-crio e invento aqui. Precisamos inventar os ancestrais que nos tornam mais livres, dizem. Expulsa de casa aos 13 anos, viveu de furtos e da criminalidade em geral. Apesar de ter entrado no

---

27 Acredito que, com algumas diferenças, essa (não)estrutura de despossessão que os povos pretos experimentam no mundo colonial é, de uma forma mais ampla, experimentada também por todos os povos racializados que foram subjugados pela organização colonial do mundo, sobretudo, no caso do Brasil, os povos indígenas. Apesar das aparências, com um certo cuidado, essa necessidade se marca nas bordas e frestas deste texto. Acho importante ainda destacar esse ponto como parte de uma rearticulação coletiva da luta anticolonial, cada vez mais urgente, a saber, a necessidade de uma aliança entre a luta antirracista y anticolonial preta y indígena.

III – atravessando o neocolonialismo...

teatro e trabalhado aí, a sua posição corpo-política desertora de gênero y sexualidade era demasiado instável e atacada para lhe possibilitar uma carreira. Foi presa por matar um homem que lhe atacou. Madame Satã lutava capoeira, arte de defesa pessoal preta quilombista. Ela não usava a capoeira apenas para se defender de agressões racistas e transfóbicas, mas para defender seus companheiros y amigos. Uma desertora de gênero y sexualidade preta dá um *martelo* na cara de um transfóbico racista agressor: aí, nesse momento, uma comunidade se forma, laços terríveis se formam. *aqueerlombamentos*.

Cris Negão, emblemática e ambivalente travesti da noite paulistana, de nascimento misterioso, assassinada em 2006. Cris era temida, odiada por muitos, mas também era amada e respeitada por uns tantos outros. Atuava como cafetina, sendo dura e intransigente, mas igualmente sensível e protetora. Cafetina, ajudava travestis novas a se estabelecer nos programas da rua sob a segurança do seu terrritório. Da mesma forma que Cris aplicava multas nas suas filhas, não hesitava em tomar partido e partir pra briga quando fosse necessário defendê-las. Uma travesti oferece proteção e apoio para outras: nesse momento, uma comunidade se forma, laços terríveis se formam. *aqueerlombamentos*.

Brenda Lee (1948-1996) foi uma travesti branca muito amada. Nos anos 1980, Brenda conseguiu, depois de muito esforço, comprar uma casa, tranformando-a de imediato em um espaço de acolhida para pessoas dissidentes de gênero e sexualidade e soropositivas. *A Casa de Apoio Brenda Lee* ou *Palácio das Princesas*, como também era chamado, foi oficializada em 1988 e abrigou muitas pessoas trans, gays e lésbicas. Uma travesti coletiviza sua casa, transformando-a em espaço de moradia coletiva para corpos dissidentes de gênero e sexualidade: aí, nesse gesto mesmo, uma comunidade se forma, laços terríveis se formam. *aqueerlombamentos*.

Os exemplos poderiam se multiplicar ao infinito e ainda assim não dariam conta de esgotar todas as manifestações de ajuntamento comunitarista gênero desertor em territórios brasileiros. Poderíamos falar de Indianare Siqueira e a Casa Nem, poderíamos falar do projeto em torno da CASA 1...

E se *despossessão como (não)estrutura* parece ser um elemento constitutivo da deserção sexual e de gênero, as suas fronteiras estariam longe de se deixar circunscrever pelos limites rígidos das escalas locais ou nacionais. Nesse sentido, não somente percebemos como a Revolta de Stonewall (1969), enquanto momento fundador do movimento lgbtqia, é uma ficção branca cujo efeito é marginalizar e es*face*lar as deserções sexuais e de gênero não-brancas e não-ocidentais, como também podemos farejar como essa narrativa embranquece e "americaniza" a própria constituição dessa revolta multiétnica e transfronteiriça, protagonizada, dentre outres, por Marsha P. Jhonson, travesti preta bissexual, e por Sylvia Rivera, estadunidense de descendência de Porto Rico e Venezuela. A cultura e a comunidade *house-ballroom*, surgida nos EUA em fins dos anos 1970 e início dos anos 1980, também trilha seu caminho numa direção análoga. Formada majoritariamente por mulheres trans, travestis, bichas afeminadas e *drags* pretas e de origem latino-americana e caribenha, a comunidade *house-ballroom* emerge como um ajuntamento dessas pessoas em torno das casas (*houses*) espaços ontogeográficos de acolhimento, moradia e de criação artística. As *balls* são competições de inúmeras categorias da dança *voguing* entre as diferentes casas, que funcionam como um momento de catarse, celebração e rito coletivos. Um grupo de travestis, *dragqueens*, bichas afeminadas e sapatões pretas, "latino-americanas" e caribenhas reage à violência cuirfóbica da polícia com pedras, tijolos e fogo; um grupo de travestis, *dragqueens*, bichas afeminas e sapatões pretas, "latinoamericanas" e caribenhas passam a organizar suas vidas em casas coletivas, abrigando pessoas *cuiers* em situação de rua, e transformam seu passatempo em expressão artística, em celebrações coletivas, nesse momento, uma comunidade se forma, laços terríveis se formam. *aqueerlombamentos*.

Monique Wittig (1935-2003), militante, pensadora e escritora lésbica francesa, também, numa outra direção, através do seu lesbianismo materialista concebeu a heterossexualidade como um "regime político" (Wittig, 2006, p. 15) pautado no domínio político do corpo, subjetividade, signos e trabalho das mulheres por parte dos homens. No seu hegelianismo sapatônico, Wittig percebe a heterossexualidade como uma luta de classes antagônicas entre homens e mulheres e, no meio e além disso, ela não hesita em afirmar que as lésbicas são "desertoras de nossas classes, como eram os escravos americanos fugitivos que escapavam da escravidão e tornavam-se livres novamente". Entretanto, caberia aí distinguir até que ponto Wittig foi a fundo no diagnóstico das opressões materiais causadas pela heterossexualidade como regime político e, até que ponto sua análise, ao apagar as diferenças que aí nitidamente existem, não reproduz um esvaziamento e banalização político-racial da escravidão preta e da diáspora africana através do *uso* branco da metáfora da escravidão, expressa na já antiga dialética do senhor-escravo hegeliana. Ainda que Wittig tenha sido racista no uso descuidado do seu léxico lésbico-materialista, é preciso marcar isso!, a sua análise nos faz ver, de modo contraditório y problemático, que existe uma zona-de-contato entre as deserções gênero-sexuais e o quilombismo.

Em meados dos anos 2000, diversos grupos de *queers* anônimes (de maioria branca, mas repleto também de pessoas racializadas y imigrantes precarizades) começaram a surgir nos EUA, propagando uma série de ações diretas anti-queerfóbicas, organizando celebrações coletivas e lançando manifestos, comunicados e chamados. Esses grupos incendiaram casas de políticos *queerfóbicos*, espancaram transfóbicos e estupradores, distribuiram *sprays* de pimenta para travestis e prostitutas cis de rua, invadiram casas parar fazer festas para arrecadar dinheiro para pres*x*s lgbtqias e pessoas soropositivas ou simplesmente para fazer orgias, organizaram ocupações para moradia *queer*... Seu caráter iminentemente ilegalista, antiassimilacionista, separatista e gregarista lhes rendeu várias alcunhas, como "virada antissocial na teoria *queer*" e "*queer* antissocial", segundo Jack Halberstam (2011, p. 109). Em 2012, Frey Baroque e Tegan Eanelli compilaram vários desses manifestos e comunicados sob o título de *Queer Ultraviolence: A Bash Back! Anthology* [*Ultraviolência Cuir: Uma antologia do Espanque de Volta!*]. No artigo "Intimidade Criminosa", lemos:

> Na nossa revolta, estamos desenvolvendo uma forma de jogar. Esses são os nossos experimentos em termos de autonomia, poder e força. Nós não pagamos por nada que estamos vestindo e raramente pagamos por comida. Roubamos do nosso trabalho e fazemos umas maracutaias para sobreviver. Nós transamos em público e nunca gozamos tão gostoso. Compartilhamos dicas e fraudes em meio a fofocas e akuendações. Nós saqueamos a porra toda e temos prazer em compartilhar a recompensa. Destruímos coisas à noite, damos as mãos e vamos saltitando pra casa. Estamos aumentando cada vez mais nossas estruturas de apoio informal e sempre teremos o apoio uma das outras. Em nossas orgias, motins e assaltos, estamos articulando a coletividade e aprofundando essas rupturas. (Baroque e Eanelli, 2012, p. 274)

Aí, de outra forma, podemos perceber também uma zona--de-contato entre a deserção de gênero y sexualidade y o quilombismo. De uma maneira diferente, a *despossessão como (não)estrutura*, lança a vida *queer* num ambiente hostil em que, para sobreviver, é preciso se utilizar de todos os meios necessários para dar conta de suprir necessidades eco--sociais e ético-onto-~~lógicas~~. Aqui, o *improviso*, que Abdias Nascimento (2019, p. 281) associa ao modo organizacional quilombista e que Fred Moten (2018, p. 42) associa à tradição preta radical, por outras vias e a partir de outras necessidades, é recriado pela vida *cuir* como um instrumento de manutenção e expansão eco-ontográfica da vida. A articulação da coletividade aí também parece tocar, de algum modo, a solidariedade e a comunhão existencial que Abdias Nascimento (2019, p. 289) associa ao quilombismo. E a "criminalidade" como estratégia improvisada da tradição preta radical para sobreviver ao roubo de suas vidas, que Fred Moten (2018, p. 115-39) discute em "Uplift and Criminality" [Ascensão e Criminalidade], de formas diferenciadas, parece também se reencontrar na *intimidade criminosa* das vidas *queers*.

Não se trata aqui de querer afirmar que o comunitarismo gênero-sexo desertor é um tipo de quilombismo e nem de dizer que o quilombismo é um tipo de deserção de gênero y sexualidade, mas, antes, de perceber, na nuance e no respeito às diferenças e singularidades, como a *despossessão como (não)estrutura*, inscrita nas vidas pretas y cuiers, abre uma zona-de-contato entre ambos os projetos e, aí, eles são obrigados a forjar, no improviso, solidariedades separatistas/gregaristas y criminais como estratégias de vida. Não se trata também de criar imagens paradisíacas do quilombismo ou da deserção de gênero. Esses projetos são, também, precários, incompletos e repletos de contradições. Beatriz Nascimento (2006B, p. 126), numa sensatez cortante, nos mostra como o "Quilombo dos Palmares" funciona como um "mito da terra prometida" e como Zumbi dos Palmares também foi construído como herói, antevendo como esses processos são sintomas de um povo cuja *hist/ória* e a própria *exist/ência* foram fraturadas e precisam, no improviso, forjar narrativas míticas de suturas. Judith Butler, apesar de marcar a força subversiva da performatividade *queer* inscrita na cena *ballrooom*, faz questão de não apagar a dimensão ambivalente y contraditória dessa cultura: "Nesse sentido, então, *Paris is Burning* não documenta nem uma insurreição eficaz e nem uma ressubordinação dolorosa, mas uma coexistência instável entre ambas" (1993, p. 137).

Idealizações românticas e vinganças imaginárias, ao fim, nem atualizam os prazeres de um futuro prometido e nem fazem justiça às violências do passado. Precisamos dar conta, enquanto pessoas pretas/racializadas y desertoras sexuais e de gênero, de reconstruir o estatuto *ético-ontográfico* das feridas históricas abertas pela organização colonial do mundo e de exercitar a imaginação de futuros outros, sem, entretanto, deixar de manter o passo no mundo que herdamos e sem cair em fabulações pretensamente confortantes. Um *pessimismo imanente* e *uma imaginação cética* se forjam por necessidade, ainda que no improviso de palavras e gestos incompletos. y aí, entre as frestas dessa negação, repousa um sorriso.

Alianças estratégicas e improváveis às vezes parecem impossíveis, e o impossível acontece. Beatriz Nascimento nos lembra como o *kilombo* des Imbangalas era uma articulação contraditória de diferenças étnico-políticas. É de conhecimento historiográfico também que os quilombos se articulavam entre essas diferenças, sendo comum a existência de múltiplas etnias indígenas, mestiços e brancos marginais nesses espaços ontogeográficos. "Criar a harmonia não é apagar as diferenças, ensina a tradição africana, é trabalhar com elas", nos lembra Cidinha da Silva (2019, p. 42). Essas *pedagogias* **espectrais** seguem sendo armas no passo de uma guerra e é preciso ainda deixar-se assombrar pelo seu ensino/aprendizagem. Essa tarefa é difícil, mas necessária num sentido inaudito, e ela não pode acontecer se não por *improviso e coletsivamentsy.* Uma trans não-binária preta de pele clara compartilha sua meditação desertora, seus delírios de abolição, suas táticas de vida, na presença fantasmática de um *espírito*, de *espíritos* quilombistas e gênero desertores, nesse momento, uma comunidade se forma, laços terríveis se formam. *aqueerlombamentos.*

as flechas que cortam o t/e/m/p/o colonial: impressões sobre "A gente combinamos de não morrer", de Jota Mombaça

advertevivências

este texto é produto do conjunto de afetos que *m/e* atravessaram *durante* a ação *A gente combinamos de não morrer*, realizada por Jota Mombaça com Adrielle Rezende, Ana Giza, Cíntia Guedes, Juão Nin, Musa Michelle Mattiuzzi e Paulet Lindacelva, no contexto da abertura da exposição À Nordeste no Sesc 24 de Maio (SP). A ação se deu no espaço Casa do Povo no dia 11.mai.2019, aproximadamente às 18 horas, e durou um período de tempo cuja precisão me escapa.

Este texto é parte do conjunto das minhas *impressões*, mais ou menos organizadas, daquilo que senti e pensei *ali*. Nesse sentido, ele não tem a pretensão de ser, puramente, nem um relato nem um ensaio, ainda que *toque* ambos os registros. O gênero estranho que esse texto ocuparia, esse entre-lugar, essa "aposição", para recuperar Fred Moten (2018, p. 41), retraça a forma fugitiva através do qual essas impressões se apresentaram à mim, y aí, portanto, trata-se de ser fiel à experiência incapturável de ser atravessada por *A gente combinamos de não morrer*.

isso que borbulhou em mim, excedendo-me, teve de encontrar uma maneira de escoar.

o combinado: ajuntamentos
revoltosos y cumplicidades outras

um sábado chuvoso, tipicamente cinza, paulistanamente cinza. Por volta das dezessete horas muitas pessoas já estavam nos entornos da Casa do Povo, aguardando o início da performance. Entre a solidão de estar cercada por muitos *rostos* brancos desconhecidos e o povoamento de estar rodeada de **rostos** escurecidos-acalorados familiares, e/u me perdia e me achava. Muitas pessoas trans e pretas estavam ali, vindas dos mais diferentes lugares: da música, de Natal, de ateliês e passarelas, do Rio de Janeiro, dos *Slams*, de Salvador, do circuito de festas noturnas, de Higienópolis e da Cidade Tiradentes. Entre conversas, cigarros, drinks, tabas, abraços, todes pareciam estar empolgades e ansioses com a ação.

Por volta das dezoito horas, um homem branco, presumidamente cis gênero e heterossexual, toma a palavra. Ele se apresenta, faz alguns agradecimentos formais e passa a contextualizar a ação que se seguiria.... ***TRIM TIM TRIM***. Ao fim de sua fala... ***PÁ TRÁ***... já ouvíamos alguns barulhos ao fundo. Ao fim das formalidades, nos dirigimos ao local onde se realizaria a ação. Fomos... ***TRÁ PÁ***... subindo as escadas rumo ao terceiro andar, de modo que os barulhos se tornavam mais nítidos e intensos. Naquele momento e/u senti reverberando em mim que a ação já havia começado. Algumas poucas pessoas ainda conversavam ao subir, mas a maioria estava calada, se concentrando em chegar logo ao local. Ao adentrar no espaço, um amplo salão, víamos ao fundo, atrás de grandes mesas de madeira, repletas de garrafas de vidro, Jota Mombaça, Adrielle Rezende, Ana Giza, Cíntia Guedes, Juão Nin, Musa Michelle Mattiuzzi e Paulet Lindacelva. Todas com roupas diferentes, mas na mesma paleta: vermelho. Não havia cadeiras, não havia nada além de suas mesas e um enorme pano branco esticado na frente da mesa. Fomos nos aproximando delas. Ao chegar mais perto, víamos suas car/inhas, divididas entre a concentração que a ação pedia e a empolgação com a chegada das pessoas. Elas já estavam trabalhando, em silêncio, mas fazendo barulho, destruindo, criando... *TIM TRIM TRIM*. O combinado estava em curso, horas antes da ação oficial acontecer, semanas, meses antes, tudo já estava sendo combinado. Talvez o combinado já estivesse em curso há anos, décadas, talvez há séculos.

Todas as participantes estavam munidas de luvas, óculos de proteção, martelo, e sobre sua mesa havia garrafas e grandes caixas feitas de plástico transparente... *TRIM TIM TRIM*. Elas pegavam as garrafas, às vezes de modo aparentemente aleatório, outras vezes dando a impressão de ser fruto de um cálculo meticuloso; olhavam para elas, às vezes as devolviam e pegavam outras. Com seus martelos, batiam delicadamente nas garrafas, cada uma na sua constância, no seu ritmo. Batiam como que procurando algo, um som, uma posição, um afeto, talvez. O conjunto das batidas, diferentemente orquestradas, formava uma melodia ruidosa. *TRIM TIM TRIM*. Algo parecia estar sendo comunicado ali, naqueles sons.

E, de repente, *TRÁ KRSSSSSh*. Cíntia Guedes ou Musa Michelle Matiuzzi, talvez Jota Mombaça, já não me lembro, quebra a garrafa com uma martelada forte e precisa. Os cacos caem dentro da caixa de plástico, a boca da garrafa fica em sua mão, na outra, o martelo; alguns cacos voam pelos ares. *TRÁ TRÁÁ*. As outras seguem a sinfonia das marteladas suaves, mas de tempos em tempos, ouvíamos o som de uma *g/a/r/r/a/f/a* sendo estilhaçada. Cada vez mais os estilhaçamentos vão se tornando a melodia dominante, ainda que muitas delas dessem muitas marteladinhas leves, em lugares diferentes da garrafa, antes de estilhaçá-la. E entre o soar, o retinir, o tilintar, entre zuadas y barulhos, o comb/inando ia tomando forma no som do estilhaçamento y do silêncio.

Toda essa densidade sônica me afeta! Nem uma palavra se quer! A composição dos barulhos, bem como a coreografia que a acompanha, me remexe toda, bifurcando-me entre a calma da *viagem* y ansiedade da *fritação*. A cena em mim é dança, ritualística, de invocação, de conjuração, de cura, de celebração. Mas é também brigra, treta, morte y luto. E e/u danço parada, luto longe...

No primeiro texto de *Não vão nos matar agora*, Jota Mombaça nos invoca a pensar sobre "o espaço tenso das vidas quebradas pela violência normalizadora" (2019, p. 14). *s/er* quebrade é estar jogada numa situação onde seu cor/po, seu esp/írito ou mesmo sua vi/da, sua com/unidade, se vê estilhaçada pela força de uma violência normalizadora (racismo, colonialismo, transfobia...). Até que ponto os *vid/ros* quebrados ali não se tocam com as *vid/as* quebradas mundos afora? Essas sonoridades ruidosas do est/ilha/çamento cortam, instigam a imaginação a tomar caminhos radicais! Os barulhos estridentes dos vidros ressoam, ao menos nos cacos das minhas entranhas, os barulhos de vidas violentadas pela organização colonial do mundo, não no sentido de que a ação reproduz essa violência, mas no sentido de que a partir dessas sonoridades, forçosamente violentas, alguma zona-de-contato sônica se abre entre essas que/bras.

Já com muitos cacos de vidro ajuntados nos seus potes de plástico, a melodia agora também vinha desses cacos sendo movimentados nos potes, pelas mãos enluvadas ou pelos martelos. **PRRRRRIM TSSSSS PRRRR**. Mais uma camada de sons barulhentos se somava ao combinado. Jota Mombaça pega um desses cacos cuidadosamente, olha para ele e o coloca de volta no pote, pega mais uma garrafa, bate levemente em diferentes lugares até estilhaçá-la, em seguida, mexe no pote e pega mais um caco. De repente, todas estão, entre improviso y plano, articulando o combinado nessa coreografia barulhenta. Elas começam, então, a selecionar os cacos de vidros, entre algo que, mais uma vez, parece uma pendulância entre cálculo e improviso – ajuntando os cacos numa parte da mesa. Em seguida, Mombaça pega alguns galhos de árvores bem finos e relativamente longos, com um pedaço de barbante vermelho grosso, e se direciona para um canto. Ela começa, então, a emendar o caco no galho, amarrando-o com o barbante vermelho. Todas, em temporalidades e coreografias diferentes, começam a repetir o processo. Elas passam a *criar*, então, ~~flechas~~.

Dos cacos ajuntados no pote aos cacos ajuntados nos galhos, o conjunto por sua vez ajuntado com barbantes, a violência da quebra ganha outra sonoridade, tão certeira quanto uma flecha precariamente improvisada. Pois a quebra, como movimento violento da destruição que *est/ilha/ça*, *não é o fim*. A quebra, ainda que a contragosto, num contratempo improvável, pode possibilitar também a criação de "uma coletividade forjada no movimento improvável de um estilhaçamento" (Mombaça, 2019, p. 17). Juntas, na quebra, estavam alí, corpas pretas y indígenas desertoras do binarismo de gênero y da heterossexualidade compulsória, transformando o estilhaçamentos das suas *vid/as* pela organização colonial do mundo, em criação artística. uma performance preta que, entre barulhos y silêncio, inscrevia a vida preta contra a destruição colonial através de uma coreografia dissonante. Dos cacos se forja o pacto, e aí, nessas andanças, entre os agachares e olhares, entre o quebrar, o separar, o juntar, o costurar, entre a ação y a

observação criadora, cumplicidades se forjam, juntando os corpos quebrados na dança dos tilintares. É preciso força pra juntar esses cacos e seguir a dança da vida. A vi/da quebrada se ajunta, se remenda em fios, ultrapassando a sobrevivência através de um excesso de vida transbordante, próximo do que afirma Jacques Derrida a partir de um outro contexto: "A sobrevivência não significa mais a morte e o retorno do fantasma, mas a sobrevida de um excesso de vida que resiste ao aniquilamento" (2001, p. 78). Num outro excesso de vida que resiste à aniquilação, temos no final do conto "A gente combinamos de não morrer", de Conceição Evaristo, que dá nome a obra, a personagem Bica, lembrando a força que sua mãe tinha para juntar os cacos de uma vida estilhaçada pelo racismo y capitalismo: "Minha mãe sempre costurou a vida com fios de ferro" (Evaristo, 2016, p. 109). A força escapa às equações essencialistas, desfaz a linearidade dos laços previstos e, às vezes, entre barulhos y silêncios, transborda na fragilidade de galhos e vidros quebrados enlaçados por um barbante...
.o.

      .fio.

          .da vida preta.

               .se refaz.

                    .por caminhos misteriosos,.

                             .improváveis,.

                         .improvisados.

as diferenças que se articulam misteriosamente

num primeiro momento a noção de combinado pode parecer antagônica em relação à diferença e à multiplicidade. Combinado – a articulação de dois ou mais corpos para programar e/ou realizar uma ação – é geralmente pensado e articulado como a supressão de singularidades múltiplas em detrimento de um objetivo supostamente comum, maior. A execução do *combinado* por parte de Jota Mombaça e suas companheiras, suas conjuradas, desfaz essa no/ção. É a partir de outros fios que ela – que elas – maquinam o seu combinado. O seu método passa justamente pelas *diferenças* e pela multiplicidade. Nas suas coreografias podemos perceber exatamente essa articulação. A impressão que e/u tenho é a de que o combinado, ao abrir espaço para o improviso, quer ele seja calculado ou não, faz as diferenças brotarem em suas multiplicidades. no silêncio isso se inscreve, se ouve.

O ato da *seleção* também é essa articulação. Entre os vidros quebrados, diferentemente quebrados, a seleção é o cál/culo (quebrado) da diferença. Elas passam suas mãos dentro do pote, movendo os cacos numa sonoridade estranha, procurando a peça ideal, a partir de critérios que nos escapam. Ora vejo Ana Giza retirar um caco triangular pequeno, ora vejo Cintia Guedes retirar um caco bem fino e pontiagudo; ao seu lado está Adrielle Rezende manuseando um galho bem fino e grande, com uma aparência frágil, ao passo que Juão Nin pega um galho pequeno e grosso em suas mãos.

A dança da *quebra* é essa articulação. As marteladas não começaram juntas, em uníssono e em ressonância. Ao contrário, chegaram aos poucos, em diferentes temporalidades de forma polifônica y dissonante. Essas coreografias articulavam o plano sempre a partir de uma diferença, mesmo na repetição. O movimento dessas diferenças era como as águas de um rio: caóticas y harmoniosas. O silêncio parecia dar o tom dessa organização, desse fluxo.

A coreografia da *junta* y da *costura* também é essa articulação. Os cacos eram juntados nos galhos de forma diferenciada, a partir de costuras diferentes. A enrolação do fio parecia alternar, mas sempre terminava com um laço forte. A forma como as flechas são dispostas y costuradas no tecido também é atravessada pela diferença e pela multiplicidade. Elas são costuradas em lugares diferentes do tecido, de modo aparentemente aleatório, desordenado. Ora uma delas costura no canto; ora outra se senta e começa a costurar a flecha bem no centro, ao lado de uma terceira que está de bruços costurando uma flecha bem na pontinha do tecido. A disposição (direção) das flechas também é múltipla. Elas estão dispostas de modo a apontar para todas as direções e nenhuma ao mesmo tempo.

selecionar, quebrar, juntar, costurar, todas essas etapas do combinado eram camadas que iam se acrescentando, de modo que, durante toda a ação, cada etapa seguia acontecendo indefinidamente, infinitamente. Enquanto Paulete Lindaselva quebrava uma garrafa a marteladas, Musa Michelle Mattiuzzi costurava uma flecha no pano, ao passo que Jota Mombaça estendia uma flecha com o braço direito, movendo-o de um lado ao outro, como quem procura um alvo ou acerta a mira.

As corporidades que performavam o combinado também inscreviam diferenças y formavam uma multiplicidade. Suas performatividades de gênero y sexualidades proliferavam ecos diferentes: mulheridades, trangeneridades, não-binaridades, viadagens, lesbianidades... racialmente também víamos diferenças. pretas, indígenas, em

as flechas que cortam o t/e/m/p/o colonial

distintos tons de pele, deslocavam a concepção racista que recusa a reconhecer a multiplicidade inscrita nas carnes não-brancas. Os corpos também articulavam tamanhos diferentes, das magras às gordonas. Elas também articulavam diferentes relações de pertencimento com o Nordeste, com os Nordestes. Vindas de lugares diferentes do Nordeste, algumas nem vindas, mas fugidas para o Nordeste, encontravam-se combinando ali.

Todas essas diferenças estavam ali, articuladas dançando a feitura do combinado. Tecendo o combinado de não morrer. A força dessa articulação diferencial não apenas abala o medo euro-branco das diferenças, mas ao fazê-lo, abre-nos para um outro horizonte ético-político da ação coletiva, precária, quebrada. Aí, a diferença não é o que afasta, mas aquilo que ajunta. Nessas coreografias, elas também tocavam "a quebra uma das outras" (Mombaça, 2019, p. 17), as diferentes quebras que cada uma trazia inscrita em *s/i* e aí também tocaram as *m/inhas* quebras, y e/u acho que nesse toque há cicatrização – e/u senti. Talvez esse seja também um estrato do combinado: cicatrizar as feridas, juntar as quebra(da)s.

Aí, no excesso fugaz desse combinado, me perdi. Em cada silêncio que antecedia um movimento, uma escolha, em cada barulho que não podia ser distinguido, nos olhares que não se decifravam, por todos os lados, o combinado também escapava y fugia. Mas é aí mesmo, nesse momento de não-entendimento, de não-compreensão, nesse momento saturado de uma densidade misteriosa, que o combinado acontece. Y aí, na angústia do não compreender, preferi ficar com o *sentir*. esses barulhos incompreendidos na minha mente, essa dissonância cognitiva, é também uma música, um sopro, um tom...

desfazendo a linha do Tempo

no seu romance *Kindred: Laços de Sangue*, Octavia Butler (2017) descreve a trajetória errática de Dana, uma jovem preta da Califórnia dos anos 1970 que se vê, repentina e aparentemente sem explicação, sendo transportada no tempo--espaço para a Maryland (Sul) escravocrata do início do séc. XIX: "Então, era fato que minhas travessias cruzavam o tempo, além da distância" (Butler, 2017, p. 40). A experiência da travessia espaço-temporal inscreve transformações ~~onto--lógicas~~ em D/ana, que se vê atravessada pela experiência da escravidão colonial e pelo racismo colonial contemporâneo. Além disso, a sua experiência geo-histórica abala a concepção da linearidade temporal instaurada pela metafísica branca. Que Dana tenha *experimentado* na carne uma semelhança entre as temporalidades da escravidão colonial não nos mostra apenas que o ~~tempo~~ pode ser furado como uma flecha, mas que o tecido do tempo, que é absolutamente polimorfo, se sobrepõe em diferentes camadas.

Ainda aí, Denise Ferreira da Silva não está tão interessada no modo como Dana "fura" o tempo, mas no *modo* como ela o *atravessa*, que não apenas faz ruir a ficção euro-branca do tempo linear, mas nos faz imaginar outras formas de conceber a implicação das diferentes temporalidades... Ela toma a "trajetória de Dana – como uma figuração da *atravessabilidade*, quer dizer, de sua capacidade de atravessar, criar uma brecha no tempo linear" (Ferreira da Silva, 2019, p. 151). A flecha (o corpo de Dana atravessando) não fura linearmente o tempo, mais do que isso, faz cair a própria concepção linear do tempo. Assim, fugindo do entendimento em direção à imaginação, ela nos possibilita uma outra forma de escapar da ordenação colonial do mundo. "Toda vez em que reverte a flecha do tempo [...] ela viola os três pilares onto-epistemológicos [...] – a saber, separabilidade, determinabilidade e sequencialidade – responsáveis por sustentar o tempo linear e seu Mundo Ordenado" (Ferreira da Silva, 2019, p. 149-50).

Talvez *A gente combinamos de não morrer* seja um outro capítulo de *Kindred* (Butler, 2017) ou de *Dívida Impagável* (Ferreira da Silva, 2019), ou talvez essas três textualidades pretas sejam partes distintas de um texto fugidio cuja *estrutura aposicional* escapa à clausura do livro y do tempo y, portanto, da própria compreensão y classificação. Mombaça leva a *atravessabilidade* para outros caminhos. As *flechas* de madeira e cacos de vidro ajuntadas em barbante não sinalizam apenas para o atravessamento do ~~tempo~~, *um tempo nem tão longínquo e nem terminado*, onde pessoas pretas precisavam atrav/essar a mata escura (noite) em fuga y com armas improvisadas, construir assentamentos improvisados, um tempo de guerra branca contra pessoas pretas (y indígenas), mas para a própria ferramenta de sobrevivência que se fabrica no improviso, que se manuseia contra o inimigo. A flecha corta o ~~Tempo~~ colonial, mas também permite guerrear contra a colonização do Tempo. As flechas de madeira me transportaram para *Kindred*, no momento em que Dana coloca o "maior canivete que já havia visto" (Butler, 2017, p. 73) dentro de sua bolsa para atravessar o tempo da guerra colonial antipreta. O tempo da guerra não pode ser atravessado sem a criação de alianças. Nesse sentido, o combinado é a realização y o anúncio dessa aliança de guerrilha, desse ajuntamento fugitivo. É uma forma de atravessar a guerra colonial. A re-criação histórica dessa cena de fuga y ajuntamento prete no presente, isto é, o combinado, em todos os seus mistérios, anuncia, através de coreografias erráticas e de barulhos dissonantes, "a implicação profunda (o nível quântico do emaranhamento) de tudo *o que aconteceu e ainda está por vir* na existência espaço temporal" (Ferreira da Silva, 2019, p. 152).

Y lá estava e/u, parada-inquieta, longe-do-lado, diante das paisagens fugitivas de *A gente combinamos de não morrer*, com suas melodias dissonantes y sua coreografia barulhenta. Às vezes e/u ficava minutos olhando alguma das gatas maquinando suas flechas, às vezes e/u olhava para o nada, me perdendo no movimento que me arrastava. Não sei quanto tempo se passou, ou o que se passou com o tempo. Quarenta minutos, uma hora y pouco, uma hora y porrada, quarenta y cinco minutos, não sei. Mas elas continuavam o combinado. Combinadas a não parar. *selecionando, quebrando, juntando, costurando*... as feridas coloniais, as carnes negras y indígenas y desertoras, os sonhos, a imaginação... tudo, sem uma só palavra! Algumas pessoas mais impacientes começavam a se entreolhar, como que se perguntando quando a ação iria acabar ou se teria um clímax antes do fim. Algumas começavam a sair, deixavam a sala, o prédio. Outras foram para o fundo do salão fumar; e/u ainda fiquei mais um tempo ali observando, ouvindo, *viajando*... Depois me ajuntei na atmosfera esfumaçada do fundo, akuendei a minha bela taba e entre tragos y conversas sussurradas, continuei junta ao combinado. Lembro-me de ter rido e me emocionado numa conversa com Pêdra Costa, vendo a chuva cair pela janela. Aí também o *combinado* estava sendo articulado.

De repente, um homem branco presumidamente cis--hétero, passa avisando as pessoas para se dirigirem para a saída, pois a performance havia acabado. e/u sabia, talvez desde o princípio, que o combinado não começou às dezoito horas naquele prédio e que ele também não acabaria ali às dezenove horas.

pós-escrito: os contratempos do combinado

Alguns dias depois da ação, fui me encontrar com Jota Mombaça, Musa Michelle Mattiuzzi y Pêdra Costa no hotel que Jota estava hospedada. Trocamos muito ali: gargalhadas, referências, reflexões, carinhos, memes, rotas de fuga... fofocas, premonições, desejos, contatos. Quando estávamos nos despedindo, Jota me disse que queria me dar um presente. Ela pega um pano num canto, procura uma caneta y improvisa uma mensagem. Era um pano branco com uma flecha de madeira feita de galho, caco de vidro y barbante vermelho, era um pedaço de *A gente combinanos de não morrer*. Ela enrolou o pano y me deu. e/u agradeci o presente e segui meu caminho.

Meses depois, após ter me mudado, desembalando as caixas, e/u me deparo com esse presente. Olho para os lados, y depois algum tempo, escolho o lugar aonde pendurar. Quando vou, finalmente, pendurar a obra, a *f l e c h a* se descostura do pano, cai no chão e o caco de vidro se *desprende* do galho. Nesse momento e/u percebo que sem o **ajuntamento** preto, técnico, maquinado, não existe flecha, apenas galhos, cacos de vidro y barbantes. Vendo os pedaços separados da obra, penso também no quão frágeis y precárias são nossas estruturas de apoio y nossos laços. aí, sinto também que quebr/ar não é o fim do combinado, mas apenas uma transmutação do seu estado.

diante da quebra, só me resta, então, o ajuntamento. De repente, me vejo, e/u, ajuntando o galho no caco de vidro com o barbante vermelho, quebrando a cabeça para dar um laço forte, mas não a ponto de rasgar o barbante. Por fim costuro a ~~flecha~~ no pedaço de pano. Então, consigo ajuntar tudo, e aí percebo que nossas estruturas de apoio y nossos laços são frágeis y precários, mas não a ponto de não permitir novas *c(ost)uras*, novos ajuntamentos. Chamo meu amigo y companheiro de casa, Carú de Paula Seabra para me ajudar a pregar o pano na parede. percebo, então: *e/u tive, com técnicas y alianças improvisadas, de continuar o combinado*. Vejo aí que foi a própria fragilidade y precaridade inscrita na obra que me fez *continuar* o combinado, ali com as minhas, com as nossas mãos. Além disso, me atravessa o sentimento de que o combinado não tem fim, porque ele continua, mesmo quando não percebemos, a ser continuamente des-re-feito.

elapsas

outra vez, sorrateira, ela chega. a escrita... as marcas misteriosas, estilizadas, que documentam o movimento de uma *dif/erença* que se des-faz. sua força sinuosa, feminina se insinua se escondendo.

mais ou menos por toda parte, lá y cá, desenhou-se em movimentos ex/orbitantes, por vezes singelos, a abertura escritural da deserção de gênero y sexualidade. a ruptura caótica, descarrilhada; excesso transbordante que parece sempre precipitar-se nos limites... Do Outro Lado, na vigilância incansável, o fechamento do *Livro* cis-heterossexual colonial, dissimulado, cercando a imagem do seu desaparecimento inevitável. sitiadas, as bichas, sapas, travestis y os transmasculinos, sobretudo es racializades, que aqui circularam, mesmo sufocando, anunciavam de volta o cercamento desse *Livro*. essas mãos depravadas não anunciam apenas, na abertura da escrita desertora, o fechamento do *Livro*, elas o arremessam longe.

sim, e/u sei que a repetição do *Livro* pode abrir uma diferença imperceptível que, no fim, permite que aí se fuja, mas a *fuga* que aqui não apenas se demanda, mas se abre, se dá por outras *linhas*. o movimento dessa fuga, que é já a sua repetição, não passa da trilha de um desaparecimento, por vezes alegre y elevitante.

essa escrita, re-inscrevendo o que essa época borbulha, incita y excita, *grafa **fugas*** mais radicais, escandalosas, talvez. isso demanda *movimentos* mais ousados, violentos. por isso que ela, ar-riscando-se a *cair* numa ~~metafísica do fora~~, já documenta a necessidade do fora, *fugindo*. é por isso, também, que essa *escrita* é leve, não porque ela esteja voando, mas, talvez, porque esteja *caindo*. porque quando ela voltou a um certo texto *queer* (y filosófico), ela teve náuseas y sentiu a necessidade de colocar para fora a *brancura colonial* daquelas páginas, se sentiu drenada por aqueles rostos pálidos, que falavam, agora, uma língua exaurida, fraca. essa **escrita**, como muitas forças escuras dessa época, não quer mais escapar apenas do fechamento do *Livro* cis-heterossexual, mas também das suas fugas aparentes. essa fuga da ***fuga*** é, portanto, a trilha do desaparecimento da iluminação em direção ao escurecimento, onde **escuiresendo** é apenas uma ponte que permite a *trans*posição provisória. o que aqui y ali se anuncia, nas sombras, no silêncio, é também a aproximação escurecida y o escurecimento, que já se deixou ver.

a fuga circula pelo terreno da repetição, y quando a repetição desvia, y ela sempre desvia, a linha do círculo muda abrindo a diferença que grafa a mudança do nome, da assinatura. *Elipse*. Ela circula por aí, porque ela tem fome de descentramento, isto é, fome de renascimento, porque *des*-locar o centro é a possibilidade vital da sua feitura. mas o que acontece quando a *re*petição é tão escandalosamente diferente, a ponto de não se deixar mais re-*conhecer*, com-*preender*? não sei, mas algo muda. y é por isso que aqui já se anuncia um retorno que não é mais a simples repetição, pois habitamos uma circulação tão múltipla y escandalosamente diferente, pois deslocamos tão bruscamente o centro do círculo, em outras ~~repetições~~, que fugimos até mesmo da fuga, da Elipse. mesmo voltando a ela – y se você cerrar bem olhos chegando ao limite entre o aberto y o fechado ou se cruzar bastante os olhos se envesgando, y olhar fixamente, talvez você veja também –, o movimento da fuga da fuga, sob a forma da seiva y da cinza gasta sobre o papel, por exemplo, se anuncia de novo, indo em direção ao escurecimento es*face*lado de elipses colapsantes. ***elapsas***.

"como eu vou explicar isso pros meus filhos?", indagam *esses* Homens perdidos. *nós*, essas que já estamos fugindo do fechamento cis-binário y hétero-compulsório, nessas deserções, não somos as únicas que se movimentam, é o *centro* (um deles) do *mun-do* colonial, também, que se desloca, que segue sendo sacudido, rebolado, fodido, saqueado, atravessado, todo dia. é que o binarismo de gênero y a heterossexualidade compulsória são pilares da arquitetura colonial do mundo. por isso são as *desertoras racializadas* as que mais abalam as estruturas y avançam na fuga. o escurecimento da **escrita** como fuga noturna em direção ao escurecimento, portanto, é um movimento fugidio que se rebola como uma forma de se aproximar daquelas que já estão fazendo o centro do mundo colonial tremer, co*lapsar. ex/cêntricas. isso* se ajunta. Des-centrados, a/balados, eles vagam por aí, em bandos, com lâmpadas y armas em mãos, querendo descontar em nós a frustração com o desaparecimento da sua *ficção* de gênero, sexualidade, família y nação y raça y povo... como se, ao direcionar a sua violência em nossas corpas, se/parando-nos, ~~exterminando-nos~~, como se, nesse *cislêncio* fúnebre que resta depois do assassinato, eles pudessem, enfim, encontrar o seu centro perdido.

nós, as *ex/cêntricas*, somos insuportáveis, porque as inscrições poéticas que nossas carcaças abrem, as nossas mudanças de gênero, nossas andanças pelos prazeres mais depravados, nossa alteração molecular, bioquímica, faz ver que a fixação deles na ficção imóvel da presença (de si), não passa de um joguinho. y quando brincamos de mudar o jogo, fazemos ver que eles são uns neuróticos, que querem impor, mundo afora, sua brincadeira de casinha. aí, é o (centro do) *mundo* colonial que se abala. A ***pergunta*** sombria de Jacques Derrida (2014, p. 430), misteriosamente, ilumina essa tensão: "O centro, a ausência de jogo e de diferença, não será o outro nome pra morte?". é por isso, talvez, que eles cobiçam tanto a morte em geral, y a *nossa* em específico. desejo de centro como desejo de morte.

mas a morte como centro também não está longe de nós. é por isso também que seguimos fugindo, de *nós*, inclusive. estamos caindo ou cavando? de qualquer forma, já habitamos os **buracos** como artistas. o do nosso *cu*, por exemplo. y aí se faz a trilha de um dedo, um dildo, um pau, que se espirala por dentro, girando as linhas do nosso s/er. esse *buraco* é também a documentação poética de um desaparecimento, a beleza es*face*lada de um movimento fugitivo, repleto de babas, terras y seivas. pinça os dedos, enfia, risca, gira, vira, gira-gira, giragira, vira gira-vira, tira, segura, sopra, limpa, enfia, gira, gira, molha baba a ponta do dedo, risca-girando, risca-girando, risca-girando... assim também se des-faz o *cis*tema colonial.

os descentramentos que se marcam es*face*ladamente nas carcaças, nos espíritos, nos movimentos y superfícies de forças que permanecem inomináveis, que se marcam *em nós*, desertoras do binarismo de gênero y da heterossexualidade compulsória racializadas são, portanto, formas de arte. esses descentramentos se conectam num emaranhado, y aí inscrevemos as mais lindas poesias minhocais. *ex/cêntricas* que somos, parimos **buracos** a todo momento y enxergamos a fuga como um labirinto espacial, exatamente no momento angustiante que nos percebemos presas no dentro, centro. aí caímos de novo, esburacadas, desastrais. (não) nos enganemos, nós (não) fugimos, nós nos perdemos. apesar da nossa fuga, somos como um rato na gaiola. porque fugir é também adentrar no labirinto onde, quanto mais achamos que encontramos a saída, mais nos perdemos no seu interior. mas aí mesmo, do jeito que der, cavamos uma outra rota, nem que seja para seguir caindo; porque a fuga acontece também quando criamos uma outra forma de

elapsas   201

habitar o dentro. o labirinto da fuga é também um abismo, um buraco fundo onde se cai. por isso o *amanhã*, por isso o *futuro*! y não se enganem, a *escuridão* profunda também é solo fértil. mesmo caindo, por meio da imaginação radical preta, seguimos abrindo formas improváveis de continuar fugindo y criando, y fazendo desse trilhamento ex/cêntrico, ex/orbitante, um capítulo da guerra contra o Livro colonial que ordena o mundo y aniquila a vida!

bibliografia

Anônimo. *Llamamiento y otros fogonazos*. Trad. Ramon Vilatovà Pigrau y Alida Díaz. Barcelona: Acuarela Ediciones, 2009. [ed. bras.: "Appel (França, 2003)", *in*: *Chamada – imaginação radical do presente*. Trad. Edições Antipáticas. São Paulo: Glac Edições, 2019.]

Arruda, L. *Quimer(d)a: quadrinhos dissidentes antiespecistas*. S/D, S/L.

Ayerbe, J. (org.). *Cidade queer, uma leitora*. São Paulo: Aurora Edições, 2017.

Baroque, F. e Eanelli, T. Bash Back! *Queer Ultraviolence: Bash Back! Anthology*. S/l: Ardent Press, 2012.

Butler, O. *Kindred: laços de sangue*. Trad. Carolina Caires Coelho. São Paulo: Editora Morro Branco, 2017.

Butler, J. *Bodies That Matter. On The Discursive Limits of "Sex"*. New York: Routledge, 1993.

Butler, J. *Excitable Speech. A Politics of the Performative*. New York: Routledge, 1997.

Butler, J. *Lenguaje, Poder y Identidad*. Trad. Paul B. Preciado e Javier Saez. Barcelona: Editorial Síntesis, 2009.

Carneiro, S. *Racismo, sexismo e desigualdade no Brasil*. São Paulo: Selo Negro, 2011.

Castillo, C. A. *La Cerda Punk: Ensayos Desde Un Feminismo Gordo, Lésbiko, Antikapitalista Y Antiespecista*. Valparaíso: Editor Trio, 2014.

da Silva, C. *Exuzilhar: Melhores Crônicas de Cidinha da Silva*. Vol.1. São Paulo: Kuanza Produções, 2019.

da Silva, C. *Um Exu em Nova York*. São Paulo: Pallas, 2018.

Deleuze, G. e Guattari, F. *Kafka: Por uma literatura menor* [1975]. Trad. Rafael Godinho. Lisboa: Assírio e Alvim Editores, 2003.

Deleuze, G. e Guattari, F. *O Anti-édipo: Capitalismo e esquizofrenia*. Vol. 1 [1972]. Trad. Luiz B. L. Orlandi. São Paulo: Editora 34, 2010.

Deleuze, G. e Guattari, F. Mil Planaltos: *Capitalismo e esquizofrenia*. Vol. 2. Trad. Rafael Godinho. Lisboa: Assírio e Alvim, 2007

Derrida, J. *Gramatologia*. Trad. Miriam Chnaiderman e Renato J. Ribeiro. São Paulo: Perspectiva, 2011.

Derrida, J. *De La Grammatologie*. Paris: De Minuit, 1967.

Derrida, J. *A escritura e a diferença*. Trad. Maria Beatriz Marques Nizza da Silva, Pedro Leite Lopes e Pérola de Carvalho. São Paulo: Perspectiva, 2014.

Derrida, J. *Margens da filosofia* [1972]. Trad. Joaquim Torres Costa e António M. Magalhães. Campinas: Papirus, 1991.

Derrida, J. *Heidegger et la question: De l'esprit et autres essays*. Paris: Flamarion, 2010.

Derrida, J. *Otobiographies. L'enseignement de Nietzsche et la politique du nom propre*. Paris: Galilée, 1984.

Derrida, J. *Cartão-Postal. De Sócrates a Freud e além*. Trad. Simone Perelson e Ana Valéria Lessa. Rio de Janeiro: Civilização Brasileira, 2007.

Derrida, J. *Espectros de Marx: o estado da dívida, o trabalho do luto e a nova internacional* [1993]. Trad. Anamaria Skinner. Rio de Janeiro: Relume Dumará, 1994.

Derrida, J. *Mal de arquivo: uma impressão freudiana*. Trad. Claudia Moraes Rego. Rio de Janeiro: Relume Dumará, 2001.

Edelman, L. *No Future: Queer Theory and Death Drive*. Durhan: Duke University Press, 2004.

Evaristo, C. *Olhos d'Água*. Rio de Janeiro: Pallas: Fundação Biblioteca Nacional, 2016.

Fanon, F. *Pele Negra, Máscaras Brancas*. Trad. Renato da Silveira. Salvador: Edufba, 2008.

Fanon, F. *Os Condenados da Terra*. Trad. José Laurênio de Melo. Rio de Janeiro: Civilização Brasileira, 1968.

Ferreira da Silva, D. *A Dívida Impagável*. Trad. Amilcar Packer e Pedro Daher. São Paulo: Oficina de Imaginação Política e Living Commons, 2019.

Halberstam, J. *The Queer Art of Failure*. Durham: Duke University Press, 2011.

Heidegger, M. *Os Problemas Fundamentais da Fenomenologia* [1927]. Trad. Marco Antônio Casanova. Petrópolis: Vozes, 2012.

Mbembe, A. *Crítica da razão negra*. Trad. Marta Lança. Porto: Edições Antígona, 2014.

Mbembe, A. *Políticas da Inimizade*. Trad. Marta Lança. Lisboa: Antígona, 2017.

Mombaça, J. *Não vão nos matar agora*. Lisboa: Galerias municipais, EGEAC, 2019.

Mbembe, A. *Para desaprender o Queer dos trópicos: Desmontando a caravela Queer*, 2016. [Disponível em: http://www.ssexbbox.com/2016/08/28/para-desaprender-o-queer--dos-tropicos-desmontando-a-caravela-queer/ (visualizado em: 19/06/2017)].

Moten, F. *Stolen Life: Consent Not Be a Single Being*. Durham: Duke University Press, 2018.

Nascimento, A. *O Quilombismo: documentos de uma militância pan-africanista*. São Paulo: Perspectiva, 2019.

Nascimento, A. *Genocídio do negro brasileiro*. São Paulo: Perspectiva, 2018.

Nascimento, B. "O conceito de quilombo e a resistência cultural negra". *In*: Ratt, A. *Eu sou atlântica; sobre a trajetória de Beatriz Nascimento*. São Paulo: Kuaza Produções e Imprensa Oficial, 2006A.

Nascimento, B. "Daquilo que se chama cultura". In Ratt, A. *Eu sou atlântica; sobre a trajetória de Beatriz Nascimento*. São Paulo: Kuaza Produções e Imprensa Oficial, 2006B.

nascimento, t. *lundu*. Brasília: padê editorial, 2016.

nascimento, t. *07 notas sobre o apocalipse, ou, poemas para o fim do mundo*. Rio de Janeiro: Garupa e Kzal, 2019A.

nascimento, t. *cuírlombismo literário: poesia negra lgbtqi desorbitando o paradigma da dor*. São Paulo: N-1, 2019B.

Nhamandu, S. (org.). *Grelo duro: faca na bota*. São Paulo: Córrego, 2018.

Nietzsche, F. *A Gaia Ciência* [1882]. Trad. Paulo César de Souza. São Paulo: Companhia das Letras, 2009.

Nietzsche, F. *Crepúsculo dos Ídolos ou Como se filosofa com um martelo* [1888]. Trad. Paulo César de Souza. São Paulo: Companhia das Letras, 2010A.

Nietzsche, F. *Ecce Homo: como se vem a ser o que se é* [1888]. Trad. Artur Morão. Porto: Edições 70, 2010B.

Nietzsche, F. *A vontade de poder*. Trad. Marcos S. P. Fernandes e Francisco J. D. de Moraes. Rio de Janeiro: Contraponto, 2011.

Pereira, P. P. "Queer nos trópicos. Contemporânea" – *Revista de Sociologia da UFSCar*. São Carlos, v. 2, n. 2, jul-dez 2012, p. 371-394.

Perra, Hija de. "Interpretações imundas de como a Teoria Queer coloniza nosso contexto sudaca, pobre de aspirações e terceiro-mundista, perturbando com novas construções de gênero aos humanos encantados com a heteronorma". *Periódicus – Revista de Estudos Indisciplinares em Gêneros e Sexualidades*, v. 1, n. 2, Salvador, nov. 2014-abr. 2015.

Preciado, P. B. *Testo Junkie: Sexo, drogas e biopolítica na era farmacopornográfica*. Trad. Maria Paula G. Ribeiro. São Paulo: N-1 Edições, 2018.

Rodríguez, C. *Dramas Pobres. Poesia Travesti*. Sd.

Rodríguez, C. *Enferma Del alma*. Sd.

Shock, S. *Poemario Transpirado*. Buenos Aires: Nuevos Tiempos, 2013.

Sedgwick, E. K. *Tendencies*. Durham: Duke University Press, 1993.

Sedgwick, E. K. *Epistemology of the Closet*. California: University of California Press, 2008.

Tiqqun. *Introduction to Civil War*. Los Angeles: Semiotext(e), 2010.

Tiqqun. *Isto não é um programa*. Trad. Daniel Luhman. São Paulo: Dazibao, 2014.

Warren, C. L. *Ontological terror: Blackness, nihilism, and emancipation*. Durham: Duke University Press, 2018.

Wittig, M. *El Pensamiento Hétero y outros ensaios*. Trad. Javier Saez e Paco Vidarte. Barcelona: Egales, 2006.

Dados Internacionais de Catalogação na Publicação (CIP)
de acordo com ISBD

L435e   Leal, abigail Campos

ex/orbitâncias: os caminhos da deserção de gênero / abigail Campos Leal ;
ilustração da capa de Jaime Lauriano.
- São Paulo : GLAC edições, 2021.
216 p. : il. ; 21cm x 19cm. – (Inegociável)

Prefácio à edição
Inclui bibliografia, índice e anexo.
ISBN: 978-65-86598-09-4

1. Sexualidade. 2. Deserção de gênero. 3.
Anarquismo queer. 4. Cuirlombismo. 5. Teoria
queer. 6. Jacques Derrida. 7. Différance. 8.
Comunitarismo. 9. Arte queer. 10. Transgênero. I. Lauriano, Jaime. II. Título. III. Série.

2021-2674   CDD 306.43
                                                     CDU 316.7

Elaborado por Vagner Rodolfo da Silva – CRB-8/9410

Índice para catálogo sistemático:
1.   Sexualidade : Gênero 306.43
2.   Sexualidade : Gênero 316.7

PARA LER COM O CORPO!

este livro foi impresso nos papéis Pólen 80gr (miolo) e Offset 240gr (capa), nas fontes das famílias Futura PT e Eskorte Latin, em agosto de 2021 pela Gráfica BMF

ISBN 978-65-86598-09-4